Bernhard Humer

Hirnrisse

Liebevolle Gedanken

Bernhard Humer

Hirnrisse

Liebevolle Gedanken

Band 3

Verlag: BoD • Books on Demand GmbH, In de Tarpen 42, 22848 Norderstedt
Druck: Libri Plureos GmbH, Friedensallee 273, 22763 Hamburg

Bibliografische Information der Deutschen Nationalbibliothek: Die Deutsche Nationalbibliothek verzeichnet diese Publikation in der Deutschen Nationalbibliografie; detaillierte bibliografische Daten sind im Internet über dnb.dnb.de abrufbar.

ISBN: 978-3-7597-6648-9

Inhaltsverzeichnis

Prolog

Meine Freunde,

dies ist der dritte Band meiner Serie der Hirnrisse. Ich schrieb erneut meine Gedanken nieder. Gedanken welche ich hatte und immer noch oft habe. Doch meine eigenen Gedanken haben sich verändert. Und damit haben sie auch mich verändert. Habe ich mich dadurch selbst verändert? Ja, behaupte ich! Denn wer sonst hätte es sonst sein sollen? In dem ich begann, mich mit mir selbst zu beschäftigen, mich selbst zu hinterfragen, und damit vieles zu hinterfragen, bin ich fähig geworden, andere, mehrere Sichtweisen zu entwickeln.

Ich nehme nicht mehr alles als gegeben. Ich stelle viele Fragen. Auch Fragen an mich selbst. Und zwar meist, wie ich selbst etwas sehen kann um mir meine eigene Meinung zu bilden. Meine Meinung, meine eigene, herausgefiltert aus der Flut von Informationen, welche mein gesamtes bisheriges Leben prägten und welche immer noch täglich auf mich einschlagen.

Dabei habe ich für mich selbst einen Filter gefunden. Ich nenne diesen Filter „Liebe"! Ich betrachte alles durch diesen Filter. Er hilft mir meine Entscheidungen zu treffen!

Habt ihr euch schon einmal Gedanken darüber gemacht, was man mit Liebe alles bewirkt, was man damit bewirken kann?

Die Saat der Liebe, das Vertrauen darin, die Akzeptanz derer Entfaltung, dem Aroma (ja, man kann die Liebe riechen), deren Wärme, ist euch all das schon aufgefallen? Habt ihr dies alles schon einmal zugelassen? Seid ihr schon fähig, die Liebe zu erkennen, sie - wie beschrieben

- zu spüren, sie zu empfinden?

Wenn ja, könnt ihr sie auch geben, sie versprühen, andere damit infizieren!
Wenn nein, liegt es nur an euch selbst. Dann zeigt euch das Leben: es ist Zeit für eine Veränderung. Sucht diese nie bei anderen. Denn jede Veränderung liegt an einem selbst. Jegliche Unzufriedenheit liegt nur bei einem selbst. Der Weg beginnt immer bei sich selbst. Er beginnt, wenn man bereit ist in sich selbst zu gehen. Sich selbst zu akzeptieren, sich selbst zu erkennen. Zu erkennen, dass man nur seinem eigenen Selbst zu entsprechen hat. Keinem anderen. Erst dann wird man erkennen, dass man zu viel entsprochen hat. Lediglich um akzeptiert zu werden. Das Ich, die Erkenntnis, das Eigentliche, das Sein gilt es zu erkennen. Damit wird man die Liebe mit allen Sinnen erkennen. Erst wenn man sie erkannt hat, sie geweint hat da man sie nicht kannte, sie davor nie erkennen konnte, sie einen übermannt. Dass man ihr und seinen Gefühlen, auch Tränen, denn diese lassen sich nicht vermeiden, freien Lauf lässt, erst dann wird man fähig sein, die Liebe auch zu verbreiten!

Mit diesen Worten wünsche ich euch, all meinen Freunden, viel Spaß und Erfahrung beim Lesen dieses Buches.

Und selbstverständlich gebe ich euch
all meine Liebe mit auf eurem Weg!

Berni

Magie

Die Magie ist die Zeit welche man voll Freude mit jemanden verbringt.

Die Magie ist die Liebe welche man gibt, als auch empfängt.

Die Magie ist loslassen dessen, das einen bedrückt, das einen belastet.

Die Magie ist, die Zukunft zu sehen.

Die Magie ist zu erkennen, dass man die Zukunft selbst erschafft.

Die Magie existiert.

Die Magie ist die Liebe.

Die Liebe ist Magie!

All meine Liebe
Berni

Persönlicher Glaube

Nur dein persönlicher Glaube wird dir Verständnis bringen.
Nur DU bist fähig DEINE Welt zu verändern.
Nur du bist fähig deine Welt, so wie DU sie siehst, zu verändern.
Fange JETZT damit an!
Glaube an DICH!

All meine Liebe
Berni

Das Leben

Das Leben bist DU.
Das Leben ist JEDER.
Das Leben ist JEDER Gedanke.
WIR alle sind das Leben.
Das Leben ist ZUFRIEDENHEIT.
Du wirst das LEBEN finden.
ALLES liegt an DIR.
Finde DICH selbst.
Nur damit findest du das LEBEN!

All meine Liebe
Berni

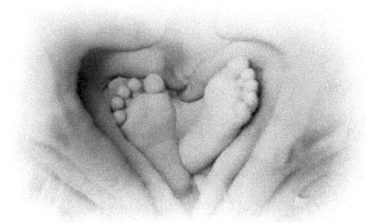

Süchtig

Ich bin süchtig!
Ich bin süchtig nach dem Leben!
Ich habe es gefunden, das Leben, es macht mich süchtig!
Ich kann nicht genug davon bekommen, vom Leben.
Ich genieße es, das Leben.
Ich stelle es mir vor, das Leben.
Ich glaube daran, dass es jeder ist, das Leben.
Ich glaube daran, dass wir es alle gemeinsam erschaffen,
das Leben.
Ich glaube daran, an das Leben.
Ich glaube an uns.
Ich glaube an die Menschheit.
Ich vertraue.
Ich akzeptiere.
Ich verzeihe.
Ich sehe.
Ich empfinde.
Ich liebe und lebe.
So bin ich nun, da ich mich gefunden habe, süchtig nach
all dem!
Ich träume davon, dass sich jeder findet.
Denn das ist das Leben, welches wir erschaffen.
Ich glaube an uns, OHNE JEDEN ZWEIFEL!
Ich glaube!

Menschen

Ich will nicht wissen wie es wird.
Ich kann erwarten wie es wird.
Denn ich weiß wie es wird.
Es wird alles gut!
Denn wir wissen, dass wir sind,
dass wir waren,
dass wir sein werden!
So wissen wir mit unserem Sein,
dass wir erschaffen.
Wir erschaffen das, was unsere Gedanken sind!
Es sind gute Gedanken, denn wir wissen wer und was wir
sind.
Wir sind Menschen!

Liebe

Die Liebe ist allgegenwärtig.
Die Liebe kann man fühlen.
Die Liebe kann man sehen.
Die Liebe kann man riechen.
Die Liebe kann man zeigen.
Die Liebe kann man geben.
Die Liebe ist die Antwort!

Dein Weg

Du gehst in dich.
Es entsteht eine Ruhe.
Sie nimmt dich ein.
Sie zeigt dir den Weg.
Du hast Zeit zu hören.
Du hörst zu.
Auch wenn du nicht alles hören willst, du hörst zu.
Du wirst erkennen.
Du wirst lachen als auch weinen.
Du hörst zu.
Alles wird anders.
Du hörst zu.
Du wirst dich fragen, bin ich wirklich so?
Du hörst zu.
Du wirst dich ändern.
Der Weg beginnt.
Du hörst zu.
Du wirst sehen.
Du wirst fühlen.
Du hörst zu.
Du wirst geboren.
Du wirst lieben.
Du wirst leben.
Du hörst zu.
Du wirst geliebt.
Du wirst verstehen.
Du hörst zu.

All meine Liebe
Berni

Veränderung

Du alleine, nur du kannst alles verändern.
Es fängt mit dir an, und es endet mit dir.
Finde dich, dann findest du alles.
Erst dann findest du die Veränderung. Erst dann siehst du
sie.
Mit dir ist alles möglich.
In dir siehst du alles!

All meine Liebe
Berni

Akzeptanz

Um meine Zufriedenheit zu erkennen,
fand ich den Weg der Akzeptanz.
Akzeptieren kann ich vieles.
Vor allem mich selbst, so wie ich bin.
Wie sollte mich wer akzeptieren wie ich bin,
wenn ich es nicht wäre der ich bin?
So nehme ich nun an, dass ich bin,
um zu akzeptieren, dass auch alle anderen sind.

All meine Liebe
Berni

Ehrlichkeit

Ehrlichkeit beinhaltet auch jemanden zu sagen, was einen stört.
Ehrlichkeit ist ein Kompliment.
Denn ohne Ehrlichkeit alles zu sagen, wärst du mir egal.
Ehrlichkeit ist der Spiegel, welcher einem vorgehalten wird.
Der Spiegel der Ehrlichkeit anderer zeigt dir, was du selber nicht siehst.
Ehrlichkeit öffnet die Seele.
Ehrlichkeit ist das Tor zur Liebe.
Die Liebe ist die Antwort auf alles.
Die Liebe führt zur Akzeptanz.
Die Liebe ist das Verständnis.
Verständnis führt zu Vertrauen.
Vertrauen führt zum Glauben.
Glaube löst die Zweifel.
Glaube daher ohne Zweifel
mit aller Ehrlichkeit an die Liebe.
So wirst du verstehen und akzeptieren.
Du wirst der Liebe vertrauen.
Du wirst leben.
Denn die Liebe ist das Leben!

All meine Liebe
Berni

Vollkommenheit

Zu suchen die
Vollkommenheit
macht keinen Sinn
wenn du damit nicht in
deinem Innersten beginnst!

All meine Liebe
Berni

Sichtweise

Dein Weg ist nie zu lange,
solange ihn du nicht selbst
als zu lange siehst!

All meine Liebe
Berni

Zufriedenheit

Deine Zufriedenheit
liegt in dir.
In deinen Gedanken,
in deinen Worten,
in deinen Taten.
Dränge diese keinem auf.
Lass sie jeden selbst erkennen,
deine Zufriedenheit!

All meine Liebe
Berni

Philosophie

Philosophie ist Provokation
des Denkens.
Jedoch öffnet sie den Blick
in unterschiedliche Welten.

All meine Liebe
Berni

Selbsterkenntnis

Selbsterkenntnis erscheint
dem als irrsinnig,
der denkt, dass er
selbst dafür nicht
fähig ist und nicht willig.

All meine Liebe
Berni

Wer sind wir wann

Ich bin jeder
Ich bin alles
Wir sind eins
Wir sind die Schöpfung
Wir sind die Vergangenheit
und zugleich die Zukunft
In jedem Moment
Jeder Moment ist jetzt
Wir sind immer

All meine Liebe
Berni

Freunde und Tod

Kannst du leben
ohne den Tod
mit Freude zu erwarten?
Bist du nicht gefangen,
wenn du dies nicht tätest?
Kannst du dann leben?

All meine Liebe
Berni

Wollen

Das Wollen zu wissen
beschränkt einen so sehr
im Wissen zu erfahren!

All meine Liebe
Berni

Beitrag zum Wohlbefinden

Umgib dich bloß mit jenen,
welche etwas beitragen
zu deinem eigenen Wohlbefinden.
Dies durfte ich heute erleben! Heute trugen viele zu
meinem Wohlbefinden bei!
Danke

All meine Liebe
Berni

Vorstellungskraft

Wenn das, was man sich nicht vorstellen kann, zutrifft,
liegt es nur an der mangelnden eigenen Vorstellungskraft,
dass man nicht glauben will, dass es zugetroffen ist.
Wenn man es danach akzeptiert als eine Erweiterung seiner
eigenen Vorstellungskraft, erweitert man den eigenen
Horizont.

All meine Liebe
Berni

Sich an die Liebe erinnern

Meine Freunde,
die Sonne lacht und der Tag wird was man daraus macht.
Darum einer meiner Gedanken:
Es liegt an uns allen.
Es liegt daran sich zu erinnern
wer man war, wer man ist,
wer man sein will,
und dadurch sein wird.
So glaube ohne geringsten Zweifel,
an die Liebe.
Denn die Liebe ist die
einzige Antwort auf Alles!

All meine Liebe
Berni

Gleichung

Ich bin mit dem Gedanken zur Gleichung noch nicht fertig.
Daher zurück zu dieser.
Zurück zur Gleichung.
Zur Gleichung des Lebens.
Im Moment finde ich es so klärend, den Unterschied erkannt zu haben zwischen Wertung und etwas einen Wert zuzuordnen.
Mit dieser, im Moment meiner, Erkenntnis, gleicht sich alles für mich.
Ich sehe im Ergebnis die Lösung.
Das Ergebnis, welches ich sehe, löst die Fragen, welche ich hatte.
Im Moment ist alles so klar.
Ich denke, ich habe erkannt, was los ist.
Mein Gott bin ich froh, dass ich so viele Fragen habe.
So viele, dass ich fähig bin, selbst meine Antworten auf meine Fragen zu hinterfragen.
Und zugleich gebe ich mir selbst wieder eine Antwort, in dem ich zu mir selbst sage:
glaube nicht alles was du denkst.
Denn es könnte genau anders sein als du denkst.

All meine Liebe
Berni

Gedanken im Jetzt

Der Gedanke, der mich beschäftigt,
ist er von mir?
Oder wurde er mir gegeben?
Warum ist er in mir?
Soll er dort sein?
Wann wurde er mir gegeben?
Von wem?
Warum ist er in mir?
Was will er mir sagen?
Warum beschäftigt er mich so sehr?
So gebe ich ihm mich, meine Zeit.
Denn ich spüre ihn, er nahm sie bereits, meine Zeit.
Er ist ich. Er ist in mir.
Und soll er auch sein von dir
oder von wem auch immer.
Er ist eben ein Teil von mir.
So gehe ich ihm auf den Grund.
Dabei öffnet sich mir der Mund.
Fassungslos erkenne ich,
wie eingenommen ich bin
wenn ich denke er ist der meine,
wenn ich nicht erkenne, es kann sein der seine,
des Nächsten, des Mächtigsten oder auch des Liebsten.
Kann ich dann erkennen, dass er real ist?
In welchem Jetzt bin ich dann?
Dann erinnere ich mich, dass jetzt immer ist, genauso wie
ich.

All meine Liebe
Berni

Zweifelnde Empfindungen

Die Erfahrungen, Empfindungen, von welchen man
spontan denkt, dass sie nicht stärken das Eigen,
sind doch jene, welche sich selbst, das Eigen, nicht das
was man denkt zu sein hat, eben sich selbst, stärken!

All meine Liebe
Berni

Eingenommenheit

Recht zu haben
kann nur jener von sich behaupten,
der von sich so eingenommen ist, unfehlbar zu sein.

All meine Liebe
Berni

Wert des Augenblickes

Der Augenblick ist nur von Wert, wenn man ihn erkennt.
Der Augenblick, der Moment ist das Jetzt, das immer ist.
Im Jetzt ist alles ein Spiegel in dem man sich selbst sieht.
So ist es möglich in allem sich selbst zu erkennen.
Wenn man bereit ist, sich selbst zu finden, mit all seinen
eigenen Schwächen, Fehlern und Prägungen!

All meine Liebe
Berni

Veränderung am Weg

Die Veränderung,
welche ich sehe in mir,
kam sie von dir?
Warum suche ich sie in dir?
Soll ich sie suchen in mir?
Warum kamst du in meine Gedanken?
Warum kamst du in meinen Sinn?
Du gibst mir das Empfinden, du wandeltest ihn, meinen
Sinn.
Also warum sollte ich nicht empfinden dich als ihn?
Als den der ich glaube er ist.
Er, der sich offenbart.
Er!
Der Camino!
Grazia, Merci, Thank you, Danke
Wir sehen uns wieder, mein Camino

Solidarität

Meine Freunde,

es ist noch immer die sogenannte Solidarität, welche mich in ihrem Bann hält.

Heute hatte ich, neben der Arbeit einige sehr interessante Gespräche, in welchen dieses Thema, wie sollte es auch anders sein, immer wieder aufkam.

„Schütze dich, schütze mich", kam natürlich auch auf den Tisch, der Werbeslogan für die Pimpungsaktion unserer werten Regierung.

Mann, muss ich mich dabei zusammenreißen, um unsere Regierung so zu bezeichnen. Dennoch versuche ich es wertungsfrei hinzubekommen.

„......., schütze mich", ist das, wo ich hinwill. Wo jetzt, bei einer Anhörung vor dem EU-Parlament, von einem der Hersteller dieses Gamechanger Pimpzeugs, durchaus etwas höhnisch, denn mit Schmunzeln, die Frage eines Journalisten diesbezüglich beantwortet wurde, „Nein, auf die Verhinderung der Weitergabe wurde dieser Pimpstoff nicht getestet". „......., schütze mich" kam mir wieder in den Sinn!

Auf all das war die Diskriminierung einer gewissen Menschengruppe gestützt!

Auf einer Lüge, welche so gut verbreitet wurde, um uns allen zu lehren, was Solidarität bedeutet. Es wurde uns eingebläut, eingetrichtert! Es wurde uns mit Existenzverlust gedroht. Die Plandemie der Ungepimpten!

Gleich zu Anfangszeiten hatte ich, bedingt durch mein Unverständnis, gar den Verfassungsschutz im eigenen Haus. Anschuldigung war „Verherrlichung des Nationalfaschismus". Nur weil ich mich diskriminiert fühlte, weil ich nicht wollte, dass irgendetwas mit einer Notfallzulassung in meinen Körper gespritzt wird.

Lediglich wegen dieses Bedenkens wurde ich und Millionen anderer diskriminiert. Wir wurden behandelt wie Aussätzige! Dies lehrte mich die Solidarität. Genauso wie sie gelebt wird.

Macht doch nichts. Denn ich weiß, dass ich schon immer etwas fühlte. Etwas anderes als andere. Ich habe jetzt aber diese gezwungene Solidarität, bei welcher so viele mitgespielt haben, empfunden! Sie wurde mir quasi vor Augen geführt.

Und jetzt muss ich aus Solidarität Strom und Heizkosten sparen. Auf Grund der aufgezwungen Solidarität. Für den Frieden!

Verdammt, bin ich wirklich so unsolidarisch, dass ich das nicht verstehe?

Darüber werde ich nun nachdenken.

Ich wünschte, dass dies auch alle Solidarischen machen würden.

All meine Liebe
Berni

Aufarbeitung

Meine Freunde,
bin ich dumm?
Es mag sein, dass mich viele so sehen.
Ich habe Verständnis dafür!
Es ist mir egal, so gesehen zu werden.
Denn ich bin ICH.
Jetzt mehr denn je. Ich stehe nun dazu wie ich sein will!
Mehr als je zuvor!
Ich will nicht mehr dem entsprechen, wer, was ich sein soll, was von mir erwartet wird. Ich will lediglich nur noch sein, so wie ich will. So wie ich es verstehe, so wie ich empfinde. Ich, ich selbst.
Eine auferlegte Solidarität geht mir am Arsch vorbei. Vor allem dann, wenn ich sie nicht verstehe. Wenn mein Bauch dazu sagt: „Humbug, Riesen-Kacke".

Es geht nicht mehr um Logik. Es geht nur noch um zwanghafte Solidarität. Es geht nur noch um das „Große". Und genau das, dieses Große, stelle ich so sehr in Frage. Wenn es im kleinen Bereich, in welchem wir uns alle aufhalten, diese Solidarität nicht mehr gibt. Wenn hier, in unserem Bereich, gespalten wird, ich dies schon nicht verstehe, wie sollte ich dann den Zwang zur Solidarität für das „Große" verstehen? In unserem, diesem kleinen Bereich wird diese Solidarität nicht mehr gelebt. Es findet nicht einmal der Versuch statt, diese wieder herzustellen. Denn es zählt nur das „Große", die große Solidarität. Diese MÜSSEN wir unterstützen. Wir, welche zum Großteil unsere nächsten Nachbarn nicht mehr mit Namen kennen. Wir müssen solidarisch sein! Wir, welche nicht mehr wissen, was das eigentlich ist, wir müssen!

Denn wenn wir es nicht tun, dann sind wir Nazis!
Ja! Ein Begriff, welche viele, vor allem die jüngere Generation, nicht mehr erklären können. Denn auch dieser Begriff wurde solidarisiert!

Wer nicht EU-hörig ist mit all den Widersprüchen in ihr selbst, ja, wer es nicht ist, den trifft die Nazikeule!
Und so wenige lehnen sich auf, wenn sie mit dieser geschlagen werden!
So wenige erkennen die gezwungene Meinungsbildung und die Unterdrückung der individuellen Meinung.
So wenige erkennen wie sie selbst durch den Zwang zur Solidarität, zu einem „Erzwinger" werden.
Es sei ihnen verziehen! Denn sie wissen (noch?) nicht was sie tun!
Sie wissen nicht, dass auch der „freiwillige" Zwang erblinden lässt!

So sei Ihnen verziehen!
Denn ohne Verzeihung, mit der Auferlegung seiner eigenen Meinung, und sei sie entstanden durch die erzwungene Solidarität, übt man Zwang aus! Und sei es „lediglich" der Zwang sich anzupassen!

Und sei es „lediglich" die Aufforderung etwas zu verstehen, welches man selbst, nicht ohne geringsten Zweifel, zu verstehen versucht, da man ja solidarisch zu sein hat, es versucht, da man es sein muss und es ja dann auch sein will, um verstanden und akzeptiert zu werden.
Sorry, das wollte ich eben aus meinem Kopf raushaben.

All meine Liebe
Berni

Sich in jedem Moment finden

Meine Freunde,
es steht bereits seit langer Zeit überall geschrieben.
Es liegt lediglich an einem selbst es zu verstehen.
Die Liebe liegt in einem selbst.
Man kann sie finden, in einem selbst.
Man kann sich selbst finden und jederzeit hinterfragen.
Denn man denkt doch auch immer sein Selbst zu sein.
Warum kann dann in jedem Moment nicht alles anders sein.
So nimm jeden Moment auf, wie du ihn empfindest.
Gleichzeitig hinterfrage, was du empfindest.
Genieße das Jetzt.
In jedem Moment.
Wo bist du JETZT?

All meine Liebe
Berni

Selbsthinterfragung

Meine Freunde,
zu später Nacht noch eine eventuelle Provokation so manch einer Gedanken.
Kann denn Selbsthinterfragung nur dem möglich sein, der sich bisher dachte, etwas zu wissen?
Damit wünsche ich euch einen angenehmen Schlaf und auch mir.

All meine Liebe
Berni

Zeit

Deine Zeit ist die, die du dir nimmst.
Die, die du erkennst
Die, die du nutzt.
Die, die du lebst ♥

All meine Liebe
Berni

Eingenommen vom Zweifel

Wir sind so von uns eingenommen,
und sehnen uns zugleich so nach Bestrafung.
Zur selben Zeit, und sei es bloß das Jetzt, suchen wir
lediglich nach Bestätigung.
So bestätigen wir uns nur selbst,
im Zweifel an den Glauben an uns selbst.

All meine Liebe
Berni

Bewusstsein

Das Bewusstsein eines Tages von meinem Körper gehen zu müssen, es zu können, dafür vorgesehen zu sein, gibt mir die Fähigkeit zu sehen, zu erkennen, dass ich nur dafür geschaffen bin. Nur dazu, das zu erkennen.
Es ist das, nach dem ich von euch bewertet werden werde, ohne dem ich mir sicher sein kann ob ihr selbst dessen mächtig seid. Und zur selben Zeit, genau jetzt, im Jetzt, bin ich mir sicher, dass ihr es seid.

All meine Liebe
Berni

Suche nach Bestätigung

Guten Morgen meine Freunde.
Bei meinem täglichen Spaziergang zur Arbeit nehme ich
mir gerne meine Zeit zum Ordnen einiger Gedanken. So
kam heute dieser zum Vorschein:
Der, der das Gefühl hat, seinen Standpunkt rechtfertigen zu
müssen, ist doch auch nur auf der Suche nach Bestätigung
und glaubt nicht ohne Zweifel. Nicht einmal an sich selbst.

All meine Liebe
Berni

Verständnis

Es ist die Einfachheit des eigenen Verständnisses, sich keine Gedanken über das anderer zu machen. Einfach alles hinzunehmen wie es in deren Verständnis zu sein hat und ist.

Gleichzeitig ist es durchaus eine Kunst, jedoch auch eine Bürde dies zu können, es zu wollen, es zu akzeptieren, dies alles einfach so hinzunehmen, wie es zu sein hat. Es, das Verständnis anderer.

Außer man hat das Bedürfnis, das Wollen, die Gabe (?) zu hinterfragen. Auch wenn man sich dabei selbst hinterfragt und dabei zur Erkenntnis kommt, dass man selbst auch für viele ein anderer ist, und diese einen selbst auch hinzunehmen haben, so wie man ist, mit dem eigenen Verständnis.

All meine Liebe
Berni

Energie des Mondes

Meine Freunde.

Bei meinem beinahe täglichen Gang nach Hause, fühle ich mich den Sternen nahe und beschäftige mich mit dem, was ich dabei empfinde. Ich spüre ihn, den Mond. Obwohl ich ihn nicht sehe. Der Nebel ist dicht. Ich genieße ihn mindestens so wie die Energie, welche eben dabei in mich eindringt. Der Gang ist reine Meditation.

Und zu deren Zwecke ziehe ich mich nun in die Welt in der ich mich wohlfühle. Wessen sie auch sein will, wo ich mich auch hinbegebe. Ich werde mich dort, im Jetzt, wohlfühlen. Damit wünsche ich euch eine angenehme, wohltuende Nacht.

All meine Liebe
Berni

Erkennen

Am Anfang meines Weges wurde ich gefragt nach einem
T-Shirt. Ich konnte es nicht geben, da ich der Meinung
war, es noch zu benötigen.
Am Ende des Weges gab ich meine letzten 20 Euro,
welche ich noch in Cash hatte, an eine Obdachlose, da ich
sie nicht mehr benötigte.
Der Camino.
Und manches erkennt man selbst erst später.
Wichtig ist nur das Erkennen, nicht der Moment.

All meine Liebe
Berni

Es

Meine Freunde.

Es ist mir wieder passiert.

Es! Was ist es, das Es?

Bei meinem meditativen Spaziergang durch die Nacht beschäftigt es mich. Das Es.

Denn ich kam auf ein altes Sprichwort.

„Wer es nicht im Kopf hat, der hat es in den Beinen"
Genau das ist mir eben wieder passiert.

Ich hatte zu wenden, da ich meinen Haustürschlüssel vergessen hatte. Nur ca. 500m.

Und jetzt beschäftigt mich dieses „Sprichwort".

Es! Bei diesem einem Wort hänge ich und frage mich, was es bedeutet.

Während ich nun auf meinem Weg bin, während ich gehe, erkenne ich, wie wohl ich mich fühle, wie zufrieden ich bin. Dabei erkenne ich auch, dass ich mich keine Sekunde darüber ärgerte, weil ich es nicht im Kopf hatte und ich ca. 1 km mehr zu gehen hatte.

Und so kommt mir der Gedanke, nein, das Gefühl, dass ich Es wirklich in den Beinen habe. Dass ich Es, die Erkenntnis zu ergehen haben, Es über mich ergehen zu lassen habe.

Es. Kann Es die eigene Zufriedenheit sein? Der Friede mit sich selbst?

Mit diesem Gedanken, und sei es nur ein hirnrissiger, wünsche ich euch allen einen zufriedenen Abend und eine erholsame Nacht.

All meine Liebe
Berni

Tränen der Liebe

Keiner bringt mich mehr zu Tränen, ohne dass ich es zulasse.
Der es schafft, den liebe ich.
Noch nie zuvor wusste ich wen ich aller liebe,
Bis hin zu dem Moment, in dem ich feststellte, zu welcher Liebe ich selbst fähig bin.
Bis zu dem Moment, in dem ich erkannte, dass mir dies kein anderer zeigen konnte als ich selbst!

All meine Liebe
Berni

Das Ziel des Weges

Ich gehe nicht um ein Ziel zu erreichen.
Ich bin bereit für den Weg.
Den Weg, welcher ist um der meine zu sein.
Ich denke selbst entscheiden zu können, wo mich dieser
hinbringt. Jedoch wird mir immer klarer, dass mir der Weg
zeigen wird, wo und wann ich mein Ziel erkenne.

All meine Liebe
Berni

Wo bin ich jetzt

Meine Freunde,

einer meiner Gedanken, welcher, so abgehoben er auch erscheinen mag, mich immer wieder erdet.

Bin ich jetzt im „Himmel" oder in der „Hölle"?

Bin ich wach oder träume ich?

Kann es sein, dass ich lediglich dort bin woran ich glaube?

Warum habe ich meine Zweifel?

Weil sie mir eingeprägt, mir anerzogen wurden. Nein, nicht die Zweifel selbst. Es war das Sein, das ich nicht durfte sondern musste.

Bis hin zu dem Moment, in dem ich Zweifel hatte. Zweifel, so sein zu dürfen, wie ich wollte.

Träume ich nun, wenn ich glaube sein zu wollen? Wenn ja, möchte ich aus diesem Traum, in welchem ich beginne mich zu finden, nicht mehr erwachen.

Wo bin ich jetzt?

All meine Liebe
Berni

Gefängnis

Meine Freunde.

Meine Gedanken, beeinflusst durch die Geschehnisse des Tages, sind wieder etwas direkt.

Schon alleine dadurch habe ich euch beeinflusst und gleichzeitig, mit diesem Hinweis, bewirkt, dass ihr die Fähigkeit aktiviert habt, über die Möglichkeit der Beeinflussung nachzudenken.

So nehmt diesen, meinen Gedanken doch auf, und berücksichtigt vor der Wertung, doch alle Möglichkeiten, alle Sichtweisen. Erweitert eure Vorstellungskraft. Denn diese ist doch das Einzige, welches unseren Horizont begrenzt.

Viel Spaß und bleibt bei euch, oder findet euch.

Gefängnis.

Du selbst bist dein eigenes Gefängnis.

Du bist der Vogel im Käfig. Jener, welcher die Begrenzung nicht sieht, da du noch nie in Betracht gezogen hast, weiter fliegen zu wollen.

Du selbst hast dein Gefängnis noch nie gesehen. Du bist zufrieden mit dem Raum, welcher dir gewährt wird.

Es gibt für dich keine Grenzen, da du noch nie das Bedürfnis hattest sie auszuloten. Sie sind einfach nicht vorhanden, sie sind für dich nicht sichtbar!

Was für eine wunderbare Welt.

Bis zu dem Moment, in welchem du deine Nase wo anstößt und dabei erkennst, dass dir jemand in deinem freien Flug etwas genau vor diese gestellt hat.

Wie fühlst du dich dann?
Mit der Erkenntnis der Begrenzung deines Fluges!
Wie fühlst du dich dann?

Was habe ich gemacht? Wer beschränkt mich?
Wem entspreche ich nicht? Entspreche Ich ihnen nicht?
Ihnen, welchen ich mich zugehörig fühlte? Warum finde
ich mich nicht mehr zugehörig? Hier ist etwas. Ich fühle
es. Ich bin nicht mehr willkommen. Ich entspreche von
einem zum anderen Moment nicht mehr. Ich verstehe es
nicht. Was habe ich falsch gemacht? Ich will doch alles
machen. Ich will dabei sein. Es sind meine Freunde. Ich
will entsprechen. Ich will akzeptiert werden. Was mache
ich nicht alles um zu entsprechen. Ich will entsprechen.
Ich will dabei sein. Ich will!
Warum ist dann dieser klitzekleine Zweifel?
Jener, welcher mir in jedem Moment sagt: „glaube, glaube
an dich". Verdammt, warum ist dieser Gedanke, dieses
Empfinden so stark?

Warum lässt mich dieses zweifeln? Zweifeln an dem, was
uns so vehement aufs Auge gedrückt wird. Warum habe ich
so starke Zweifel darin, dass momentan jede noch so kleine
Kritik an teils auch staatlich vorgegebenen Narrativen, mit
Entzug der Lebensgrundlage geahndet wird?
Warum habe ich das Gefühl, dass es keinen
wissenschaftlichen Diskurs mehr geben darf?
Warum habe ich jetzt, wie nie zuvor, das Gefühl entsprechen
zu müssen?

Warum habe ich erneut nach meiner persönlichen
Befreiung, das Gefühl entsprechen zu müssen?

Ich muss meine Sprache anpassen!
Ich muss mein Empfinden anpassen!
Wurde ich jemals gefragt ob ich das will?
Wurden wir jemals gefragt ob wir das wollen?
Haben wir es jemals hinterfragt ob wir belogen wurden/ werden?

Haben wir uns jemals selbst hinterfragt? Oder wollten wir bisher lediglich sein? Sein um akzeptiert zu werden.
Sein, um es zu dürfen, im Auge deren welche wir selbst akzeptieren, dass sie dieses Sein festlegen.

Mann, ich komme mir vor, als ob ich nur Fragen stelle.
Willkommen in meinem Leben!
Und „by the way", am besten stellt man sich diese Fragen selbst, und erhofft sich die eigene Antwort.

All meine Liebe
Berni

P. S.: Kann das Fazit aus dem nicht sein die Hinterfragung seiner selbst? All dessen was man zu sein hatte. All dessen was einem „gelehrt" wurde.
Mann, diese Fragen!
Wer kann mir dies alles beantworten? Kann man dies selbst sein? Durch die eigene Hinterfragung?

Gleichung des Lebens

Wenn man erkennt, dass alles einen Wert hat
erkennt man auch die Gleichung des Lebens.
Das Ergebnis dieser Gleichung kann nur die Liebe sein.
Denn die Liebe ist das Leben!

All meine Liebe
Berni

Träume

Deine Träume
sind Gott!
Du kannst an sie glauben.
Du kannst ihn ihnen Hoffnung finden
als auch Erkenntnis.
Du kannst sie verdrängen
als auch leugnen.
Doch du kannst auch erkennen
dich als einen Teil von ihnen.
Denn du hast sie geträumt.
Du bist!
Du bist ein Teil von ALLEM.
Du bist auch ein Teil von Gott,
vom Leben, vom Sein, von der Liebe.
Wer ist die Liebe?
Was ist die Liebe?
Die Liebe ist jene Frage welche DEIN Leben bestimmt!
Du brauchst dir all diese Fragen nicht zu stellen!
Denn die Liebe ist zugleich die Antwort!
Auch du kannst es erkennen.

All meine Liebe
Berni

Verzeihung

Mein Gott wie kämpfe ich mit der Verzeihung.
Es frisst mich innerlich auf.
Ich sollte verzeihen, es ginge mir besser.
Mein Gott warum kann ich es nicht?
Warum kann ich nicht einfach so tun als wäre nichts gewesen?
Sie tun es doch alle. All jene, welche alle 5 Jahre schreien „es darf nie mehr wieder passieren". Sie alle tun jetzt so als hätten sie nie etwas gesagt, gefordert, getan.
Sie haben alles bereits wieder vergessen.
Aber ich kann es nicht vergessen. Ich kann Ihnen nicht verzeihen.
Ihnen, welche mitten unter uns wohnen und mir jeden Tag wieder falsch ins Gesicht lachen.
Ihnen, welche uns, welche eine andere Meinung hatten und immer noch haben, am liebsten am Pranger geschlagen hätten.
Ihnen, welche uns am liebsten weggesperrt hätten in Ghettos. Ich kann Ihnen nicht verzeihen.
Sie sind mitten unter uns. Sie sind unsere Nachbarn, unsere „Freunde", unsere Gemeindemitglieder, unsere Kirchenmitglieder, unsere Brüder und Schwestern.
Nein, ich kann ihnen nicht verzeihen!
Denn das, was nie wieder passieren dürfte, kann jederzeit wieder passieren.
Sie haben es gezeigt. Sie, denen ich nicht verzeihen kann!
Erinnert euch auf ewig. Gebt es weiter an eure Kinder und Enkel. Erzählt es, dass sie mitten unter uns sind.

All meine Liebe
Berni

Wo stehe ich jetzt?

Je länger ich lebte,
je älter ich werde
bin ich dem Tode näher als dem Leben?
Wie erkenne ich den Punkt der Wende
ohne mich der Angst zu stellen
und durch sie zu erkennen,
meine Furcht nicht genug zu leben?

So lange ich dies sehe, werde ich immer dem Tode näher
sein als dem Leben, da ich nicht weiß zu leben.
Wenn ich erkenne den Punkt in mir selbst,
werde ich sehen das Leben und erkennen es zu leben
in einem Ausmaß, welches jede Nähe als unerreichbar
aussehen lassen wird.

All meine Liebe
Berni

Gedanken an meine Mutter

Meine Freunde.
Ich denke, dies schreibe ich gerade nicht nur für mich.
Jedoch verstehe ich schon, dass dieser Gedanke, dieser
„Hirnriss" auch mich betrifft.

Im Moment bin ich bei meiner Mutter. Im Moment, im
Jetzt, wo ich dies schreibe, empfinde ich eine so starke,
eine immens intensive Liebe zu ihr. Daher widme ich
diesen Gedanken ihr.

Liebe Mutter
Jetzt gerade erkenne ich, wie sehr du mich geprägt hast.
Wie sehr ich daher bin wie du. Es sind die vielen Momente
welche mir gerade durch den Kopf gehen.

In einem Gespräch unter Freunden kamen wir auf unsere
Mütter. Und so bin ich gerade bei dir. In dir. Spürst du es?
Ich glaube ja!
Ach, lass mir doch bitte diesen Glauben. Er tut mir gut, ich
fühle mich mit ihm so wohl.
Ich bin ein Teil von dir. Und ich fühle, dass du dies spürst.
Denn du hast zu dem beigetragen was ich bin. Du hast mich
gelehrt als auch geprägt wie ich zu sein habe. Jetzt spüre
ich, du hast dein Bestes gegeben. Mehr als du dachtest zu
können. Darüber bin ich mir jetzt gerade so sicher.
Du warst es, welche in mir stets etwas sah was mich
unterschied.

Ich danke dir Mutter. Auch dafür, dass du mir jegliche
deiner Art weitergabst. Sei mir nicht böse, Quatsch, das

würdest du nie sein. So schreibe ich besser, verstehe es, dass ich nicht alles behalten konnte was du mir gabst. Denn einiges davon tat mir nicht gut. Ich erkannte es, dass mir einiges von dem was du mir gabst nicht guttat. So legte ich es doch einfach ab. Dadurch, denke ich, bin ich nun erst fähig zu erkennen, was ich von dir alles behielt, und wie gerne, mit welchem Stolz ich das trage. Ich denke auch das habe ich von dir.

Nicht jenes was ich ablegte, oder im Moment einfach verdränge, soll es sein was ich behalte. Nein, es sind jetzt gerade diese Momente, in welchen ich mich mit dir an meiner Seite so wohl fühlte, so geborgen, so versehen mit deiner Liebe.
Auch wenn du mir sagtest: „das war jetzt nicht so klug“. Auch wenn du dabei nie gefragt hast „warum“. Ich denke eben zu spüren, du brauchtest es nicht zu fragen, denn du kanntest die Antwort. Du gabst mir deine Liebe. Damit gabst du mir dein eigentliches Wissen. Jenes, welches ich mir gerne behalte.

Ja, so behalte ich mir dich. So gibst du dich weiter, mit deiner Liebe, mit nichts anderem.
So ist die Liebe alles, was wir in uns behalten sollten, für ein Leben, welches wir ewig weiterleben als auch weitergeben werden.

Kann es Dankbarkeit sein was ich gerade jetzt empfinde?
Besinnliche Weihnachten 2022

All meine Liebe
dein Sohn
Berni

P.S.: Hier noch ein weiterer kurzer Gedanke dazu

20. Jänner 2023

Den an meiner Seite
der mir gibt die Kraft
mich zu verstehen
und damit den Moment, den jeder von uns empfindet, zu
akzeptieren, ihn gar zu verstehen,
den, genau den fühle ich genau jetzt an meiner Seite.

All meine Liebe
Berni

Der eigene Weg

Erst durch die Erkennung, dass man will, erkennt man, dass man kann.
Dabei schwindet das Muss, und der eigene Weg erscheint.

All meine Liebe
Berni

Wenn ein Gefühl zum Gedanken wird

Es ist immer das erste Gefühl welchem du folgen solltest. Denn wenn das Gefühl zu einem Gedanken wird, ist es bereits manipuliert.

All meine Liebe
Berni

Die eigene Bedeutungslosigkeit

Das Erkennen der eigenen Bedeutungslosigkeit, und
zeitgleich wissend ein Teil des Ganzen zu sein.
Kann das mein Glaube sein?
Kann das die Liebe sein?
Ja, denn es kann mein Leben sein!

All meine Liebe
Berni

Weinen

Weine wenn dir danach ist.
Lass die Tränen fließen, unterdrücke sie nicht.
Spüre dich selbst, lass es zu.
Erkenne dich selbst, denn das bist du!

All meine Liebe
Berni

Bestätigung für den eigenen Glauben

Wir sind doch alle nur auf der Suche nach Bestätigung für
unseren EIGENEN Glauben!
Denn ohne diesen könnten wir glauben nichts zu wissen!

All meine Liebe
Berni

Sein

Man stelle sich vor
immer am richtigen Ort zur richtigen Zeit zu sein.
Erst dann kommt diese Gewissheit überhaupt zu sein!

Damit all meine Liebe
Berni

Zufriedenheit durch Glauben

Die Zufriedenheit wird dir gegeben.

Glauben ohne wissend, oder ohne Zweifel zu sein. Zugleich glaubens nichts zu wissen, zu seinem, dem eigenen Glauben so sehr bestätigend und so sehr daran glaubend zu sein, dass was man selbst glaubt, wissend zu sein, zu verstehen, es zu erkennen.

Wo ist man dann? Wer kann das wem erklären? Wer fühlt sich in der Lage es so zu deklarieren, dass sich jeder damit identifizieren kann?

Der, genau der soll sein der König der Monarchie an welche ich glaube.

All meine Liebe
Berni

Normal

Wie erkennt man was einem guttut?
Wie entscheidet man was einem selbst gut tut?
Darüber kann man selbst empfinden!
Denn man kann auch erkennen, dass alles an einem selbst
liegt!

Dass all das, nach dem man strebt, diese Zufriedenheit
nach welcher man sucht bereits in einem selbst ist und
man bisher nur daran scheiterte, sie zu sehen, nur daran
liegt, weil man dachte, oder immer noch denkt, jemandem
entsprechen zu müssen. Es kann durchaus so weit gehen,
dass dies zum Wollen wird, weil wir es nicht besser wissen.
Weil wir denken zu wissen, wie wir zu sein haben, um zu
entsprechen. Weil es uns so beigebracht wurde, sehen wir
es als normal.

Und ich frage mich selbst und jeden welcher sich nun
angesprochen fühlt, was ist jenes, was wir als normal zu
empfinden haben? Wer hat uns das eingeprägt?
Was ist normal?
Ist es das, was sich jemand wünscht?
Wer wünscht sich das, was so viele mittlerweile als
„normal" hinnehmen?
Wer gibt vor, was „normal" ist?
Seid es ihr? Gehört ihr dazu? Sagt ihr alle, welche das
nun lesen, was „normal" ist? Oder denkt ihr sogar, dass
manche nicht normal sind?
Wie entscheidet ihr das?

Ich möchte doch so gerne Unterstützung um diese

Entscheidung für mich selbst erkennen zu können. Wessen Meinung schließe ich mich nun an?

Wer von sich selbst ist nun von SEINER EIGENEN Meinung so überzeugt, um diese als die Wahrheit zu erkennen, um damit andere zu überzeugen? Wer von euch hat eine EIGENE Meinung?

Wer von euch meinen Freunden ist so überzeugt, eine EIGENE Meinung zu haben?

Oder findet ihr alle nur eure Zufriedenheit in der Anpassung an andere und deren Anerkennung, durch welche ihr eine Bestätigung bekommt, alles „richtig" zu machen?

So frage ich euch erneut denn ich empfinde, dass ich dies in einem meiner Texte bereits gefragt habe geht es uns allen nicht nur um Bestätigung derer Gedanken welche wir denken als unsere eigenen aber dennoch Zweifel daran haben?

Meine Freunde, vergesst dabei NIE wie schön und einfach das Leben sein kann, wenn man ohne geringsten Zweifel an die Liebe glauben kann. Ohne dabei zu DENKEN, dass dieser Gedanke einem ohne Neid und Gier gegeben wurde, lediglich um sich an ihn, diesen Gedanken der Liebe, erinnern zu können.

Kann es sein, dass wir lediglich nun hier sind, um uns daran zu erinnern?

Stellt euch diese simple Frage!

Stellt euch eine weitere: „wie geht es mir?", „fühle ich mich wohl und sicher?".

OK, es waren zwei Fragen. Und ist dies nicht so zeigbar? Erkennt man dadurch nicht so einfach die Möglichkeit der

Selbsthinterfragung?
Lasse ich eine Frage zu bin ich auch fähig weiter zu fragen.
So glaube ich nichts ohne es zu hinterfragen, lediglich um
dabei festzustellen, dass ich, wenn ich fähig bin alles zu
hinterfragen, nichts weiß.

All meine Liebe
Berni

Alter Text

Meine Freunde.

Es lässt mich erkennen, dass was ich entnahm aus einem Buch, welches geschrieben vor knapp 100 Jahren.

Es kommt mir so erklärend vor, gar lehrend wie nie zuvor. In der Hoffnung eures Verstandes gebe ich es euch wieder, geschrieben wie auch ich es fand.

Langsamer ging der Denkende dahin und fragte sich selbst: „Was nun ist es aber, dass du aus Lehren und von Lehrern hättest lernen wollen, und was sie, die dich viel gelehrt haben dich doch nicht lehren konnten?"

Und er fand: „Da ich war es, dessen Sinn und Wesen ich lernen wollte. Da ich war es, von dem ich loskommen, das ich überwinden wollte. Ich konnte es aber nicht überwinden, konnte es nur täuschen, konnte nur von ihm fliehen, mich nur vor ihm verstecken.

Wahrlich, kein Ding in der Welt hat so viel meine Gedanken beschäftigt wie dieses mein Ich, dies Rätsel, dass ich lebe, dass ich einer und von allen anderen getrennt und abgesondert bin, dass ich ich bin.

Zitiert von Hermann Hesse, dem ich für seine, diese Worte meinen Dank ausspreche.

All meine Liebe
Berni

Mein höchstes Ziel

Darüber dachte ich nun etwas intensiver nach und beantwortete mir diese Frage wieder selbst.

Wenn ich nun diese Antwort wiedergeben soll,, möchte ich jedoch mit meinem zweit höchsten Ziel beginnen, um es etwas verständlicher zu machen.

Dieses wäre nämlich zu erkennen wie ich ohne jegliche Prägung, welche ich durch mein Umfeld erhalten habe, wäre. Ohne das „Wissen" aus welchem ich mir meine Meinung bildete. Ohne dem, was mir beigebracht wurde von all jenen, welche sich diese Frage nicht selbst gestellt haben: wie sie ohne Prägungen wären.

Wie wäre ich ohne all dem? Wer wäre ich dann? Dies ist mein zweit höchstes Ziel.

Mein höchstes ist jedoch, dass mir das davor und das danach egal wäre. Denn dann bin ich. Dann bin ich im Jetzt. Dann soll ich sein. Dann bin ich fähig zu sein. Dann bin ich fähig zu erkennen, zu schaffen, zu lieben. Dann lebe ich!

All meine Liebe
Berni

Werden wir manipuliert?

Meine Freunde,
mich beschäftigt wieder ein Gedanke.
Wie manipuliert bin ich?
Wie manipuliert sind wir, das Volk, die Menschheit?
Wie erkennen wir es? Wie erkenne ich es „nur" für mich?
Dabei komme ich auf Themen wie:
Meinung, wo kommt sie her?
Normal, wer legt das fest?
Richtig/Falsch, wer hat das definiert?
Wert/Wertung, dito, wer, oder von wem wurde das festgelegt?
Gut/Böse, wie, oder von wem wurde das festgelegt?
Oh ja, ich könnte hier fortfahren.

Jedoch beschäftigt mich „nur" die Frage „werde ich manipuliert, lasse ich das wirklich zu?"
Sorry, falls ich irgendjemanden damit zum Nachdenken anrege.
Falls ich das tue bedenkt immer, dass es jederzeit möglich ist, seine eigene Vorstellungskraft zu erweitern.
Denkt daran, was man sich nicht vorstellen kann, an das kann man auch nicht glauben.

All meine Liebe
Berni

Zweifel und Ängste

Jenes kam mir durch den Kopf, in meinen Geist. Eben in jenes, welches so manch andere „einfach" als Hirn bezeichnen.
Und so dachte ich darüber nach.

Ergeben sich diese Zweifel und Ängste nicht nur durch das eigene Verständnis, durch die eigene, oft durchaus begrenzte, Vorstellungskraft?
Warum haben wir Ängste?
Warum haben wir Zweifel?
Warum haben wir all das?
Warum wissen wir was das ist?
Warum glauben wir das zu wissen?
Warum denken wir das zu wissen?
Wäre dann unser Denken, etwas zu wissen unser Glaube?
Wenn wir das wüssten, müssten wir dann nicht auch daran glauben, dass alles nur aus unserem Wissen, und dem Glauben daran entsteht?
Woran würdet ihr dann glauben, wenn ihr wüsstet, dass alles sein wird woran ihr denkt, all das, was ihr euch vorstellen könnt.
Könntet ihr dann daran glauben, was ihr euch vorstellen könnt?
Könntet ihr euch darauf hin überhaupt noch etwas vorstellen? Etwas anderes als die Liebe.
Um zu erkennen und vorstellen zu können, sich das Leben im Eigen.

All meine Liebe
Berni

Die Blume

„Zu lernen" ist das Stichwort zu eben diesem Gedanken, welcher in mich kam, auf meinem Weg, welchen ich genüsslich ging und dabei einen Fuß vor den anderen setzte. Mich dem hingebend bemerkte ich, wie wohl ich mich fühle, genau in diesem Moment.

Ich atme frei, dabei beobachtend lediglich den Untergrund auf dem ich gehe, den Weg. Gerade noch meinen Blickwinkel erreichend, fällt mir auf die Blume, welche sich frisch erhebt aus dem Boden, und mir mit ihrer Blüte den nahenden Frühling und damit das Atmen der Welt, in welcher ich lebe, in meinen Sinn bringt. So halte ich ein und mache ein Bild von diesem kleinen Boten des Lenzes, welcher mir zeigt das Leben so wunderbar. Ihn betrachtend frage ich mich selbst „warum hielt ich an, warum fiel er mir auf?". Wie von selbst von wem auch sonst kam die Antwort auf meine eigenen Fragen. Dadurch entstand ein Lächeln um meinen Mund. Denn die Antwort, welche ich mir selbst gab war „ich solle etwas lernen, etwas erkennen". Darum hielt ich an!

Es war nicht nur das Lächeln um meinen Mund, welches ich in diesem Moment erfuhr. Es breitete sich aus in meinem gesamten Leib. Es stand still die Welt um mich herum in diesem Moment, in welchem ich war im Jetzt. Mit ihm verschwand die Zeit. Ich genoss das Glück und erkannte die Zufriedenheit welche mir zeigte diese kleine Blume mit ihrem Erwachen. So blickte ich mich um, sah dabei die Rehe am Feld, hörte das Zwitschern der Vögel. Am Horizont sah ich die noch mit Schnee bedeckten Berge, hinter welche sich bald die Sonne neigen würde.

Mit jedem Atemzug sog ich mehr Zufriedenheit auf. Mit jedem Schritt erkannte ich mehr von ihr.

Es war wie ein Erwachen aus einem Traum! Oder träume ich in diesem Moment? Nein sage ich zu mir selbst. Es ist die durchströmende Zufriedenheit welche mich begleitet und so vieles erkennen lässt. Ich, der sich immer Fragende, jener welcher schon unzählige Bücher gelesen hat um darin Antworten zu finden, fühlt jetzt, diese gefunden zu haben. Gefunden durch eine erwachende Blume. So frage ich mich erneut, warum löste diese kleine Blume in mir mehr aus als jegliche Bücher ich jemals las?

Oder habe ich erkannt, dass alles, vor allem die eigene Zufriedenheit, bereits in einem selbst verborgen schlummert und man sich lediglich daran zu erinnern braucht? Und schon wieder eine neue Frage! Jedoch betrachte ich nun diese aus einem anderen Blickwinkel!

All meine Liebe
Berni

Der Wandel

Meine Freunde,
um endlich meinen Schlaf zu finden hatte ich noch einen
Gedanken aus meinem Kopf zu bekommen.

Nicht mehr der, der ich einst war, nicht mehr der, der ich
einst werden wollte, nicht mehr der, der ich für andere sein
sollte bin ich jetzt mehr.
Nicht mehr bedürftig nach all dem, was ich einst wollte,
nicht mehr gierend nach dem ich strebte, bin ich jetzt mehr.
Nicht all meine Lehrer, auch nicht jene Leute, welche mich
erzogen, sollten mich werden lassen was ich jetzt bin.
Es war mein Weg der mir erläuterte dies was ich sein kann,
wenn ich sehe und verstehe, was ich selbst kann.
Wenn ich liebe jeden um mich herum und auch ich die
Liebe annehmen kann.
Wenn ich glaub daran ohne Zweifel, sei er noch so gering,
wird ich sehen die Liebe dann.
Daran will ich glauben nun fortan, dass ich alles erschaffen
kann.
So wandle ich nun auf dem Weg des Glaubens daran.

All meine Liebe
Berni

Der Ruf des Camino

Die Stimme in meinem Kopf,
welche klingt so verlockend, oft gar himmlisch,
so rufend, wie um mir zu sagen: „komm wieder, es tut dir
so gut."
Es scheint mir als würde sie lauter, verständlicher, um mir
zu zeigen meinen Weg erneut.
Um mir zu geben wieder die Einfachheit, das Loslassen
und die Freud so wie ich all dies schon fühlte vor nicht
langer Zeit.
Gehend beinahe täglich meinen Weg
höre ich sie besser mit jedem Schritt und jedem Stein den
ich betritt.
So gebe ich mich ihr hin und nähre damit meinen Sinn,
für die Möglichkeit, welche ich dadurch erschaffe um zu
gehen wieder dorthin.
Ich lege ab meine Zweifel um sie zu verstehen so gut ich
kann,
um dadurch zu erkennen, es wird nicht sein irgendwann
sondern sobald ICH kann.
Der Ruf des Camino

All meine Liebe
Berni

Die Liebe

Die Sehnsucht danach ist jenes, welches ich mir lediglich
erwarte, die Liebe.
Behauptend sie bereits erkannt zu haben, was sollte es
schaden sie besser zu kennen, die Liebe.
Wie könnte es Schande sein sie zu sehen mehr auch dort
wo ich sie bisher nie sah, die Liebe.
Was könnte ich erwarten mehr, als zu sehen sie überall und
so sehr, die Liebe.

All meine Liebe
Berni

Zweifel an der Liebe

Wer könnte jemals daran zweifeln zu sein um Liebe zu geben?
Wer könnte jemals zweifeln darum zu sein?
Wer könnte jemals zweifeln zu sein?
Wer könnte jemals zweifeln an der Liebe, dem Leben, der Hoffnung, der Zuversicht?
Wer könnte Leben ohne zu lieben?

All meine Liebe
Berni

Die Liebe verbindet

Was ist es, das uns alle verbindet?
Was kann es sein?
Wie kann es sein?
Kann die Liebe der Kleister sein, welcher alles zusammenhält?
Kann dieser Kleister so zäh sein und seine Fäden so stark?
Kann die Liebe uns so verbinden, dass wir vergessen den Neid und die Gier?
Ja, die Liebe macht alles möglich!

All meine Liebe
Berni

Sich finden am eigenen Weg

Meine Freunde.
Wieder ein Text von Hermann Hesse in welchem ich mich sehr finde.

Es gab keine, keine, keine Pflicht für erwachte Menschen als die eine: sich selber zu suchen, in sich fest zu werden, den eigenen Weg vorwärts zu tasten, einerlei wohin er führte.

Hermann Hesse

All meine Liebe
Berni

Wo Wege zusammenlaufen

Und wieder etwas von Hermann Hesse.
Von mir empfunden, sei es lediglich ein Moment.

Wo befreundete Wege zusammenlaufen,
da sieht die ganze Welt für eine Stunde wie Heimat aus.

All meine Liebe
Berni

Ängste verbergen

Nur jener der in sich spürt die Ängste, hat schlechte Gedanken oder Misstrauen, hat etwas zu verbergen.

All meine Liebe
Berni

Gedanken der Nacht

Mit geschlossenen Augen, umhüllt von der wärmenden Decke, sehnend dem entlastenden Schlaf, wollend den Gedanken entfliehen, hingebend diesem Wunsch, diesem Verlangen, diesem Drang, den jenes benötigend für das eigene Wohlbefinden, versuche ich mich hinzugeben meinem Wollen, meinem Verlangen und fühle es ist mir nicht gegeben es zu erlangen.

Es ist das Licht, obwohl dunkel im Raum, gar finster, denn es ist Nacht.

Diese Blitze, welche mir erscheinen, mich streifen mit voller Macht,

mich nicht hingeben lassen, dem ich eigentlich gedacht.

Sie nehmen mich ein wie eine Macht,

und hindern mich zu vollziehen eine angenehme Nacht.

Kann es sein, sie sind so hell, ich empfind sie so erleuchtend, ich gar öffne mein Aug

um zu erkennen ob ich saug damit etwas auf in mich, und wenn es sind nur weitere Gedanken, welche mich bringen mehr ins Wanken, mich hindern weiter an der ersehnten Ruh.

Zur erfahrenen Zeit, die Augen so schwer, so müd vom Tag, warum ich annehm und all das wag, entsteig ich erneut dem Bett obwohl ich schon in ihm lag.

Geb mich all dem wieder hin was rumort in meinem Kopf, nichtwissend es ist alles nur ein Knopf, den ich selber lösen kann, eben in meinem Kopf.

Entsinnend dessen, es ist nur in mir, wissend der Möglichkeit der gedanklichen Erschaffung, umhülle ich mich wieder in der wärmenden Decke und gebe mich erneut hin meinem Sinn.

Möge dieser nun sein anderer Art, möge er nun bewusst beeinflusst sein durch meine Medizin. Möge ich es doch lediglich erfahren, es liegt alles in der Betrachtung darin.
So entschwinde ich in meinen Träumen und sehe in ihnen einen Gewinn.
Sei es nur zur Entspannung und in der Hoffnung zu sehen darin, für den nächsten Tag den Sinn.
So lebe ich in meinem Traum, in dem ich mir erschaffe meinen eigenen Raum.
Einen Ort in dem Ich lebe, träume und erschaffe.
Damit wünsche ich jedem seinen Schlaf als wohl auch Träume welche erschaffen die Zufriedenheit nach welcher wir uns alle sehnen.

All meine Liebe
Berni

Die Revolution der Gedanken

Das Denken als Lebenslust zu sehen und nicht mehr als
eine Last ist etwas, was heute nicht mehr ins Leben passt.
Es wird uns abgenommen von Eggschperten*
von denen manche nichts lernten.
Sie schrieben nur ab um zu erhalten ihren Titel.
Es war ihnen recht jedes Mittel.
Sie sagen uns nun was wir zu haben machen.
Ich höre sie gar im Finsteren lachen, wie sie alle denken,
dieses Volk lässt sich so einfach lenken.
Sie denken, was für eine Evolution,
und erahnen noch nicht die Revolution,
welche wird entfacht,
wenn das Volk erkennt, was mit ihm gemacht,
wenn es die Absurdität entdeckt,
und endlich wieder denkt.

All meine Liebe
Berni

*Copyright by Karl Nehammer

Blätter und Sterne

Es ist mir wieder danach Hesse zu zitieren:

Die meisten Menschen sind wie ein fallendes Blatt, das weht und dreht sich durch die Luft, und schwankt, und taumelt zu Boden. Andre aber, wenige, sind wie Sterne, die gehen eine feste Bahn, kein Wind erreicht sie, in sich selber haben sie ihr Gesetz und ihre Bahn.
Hermann Hesse, Siddhartha

All meine Liebe
Berni

Ein unfertiger Gedanke

Meine Freunde,
es lag mir wieder etwas daran, einen meiner Gedanken aus dem Kopf zu bekommen.
Er, dieser Gedanke ist noch nicht fertig gegoren, er ist noch am Reifen. Er wächst in mir wie ein Schrei, welchen man seit geraumer Zeit unterdrückt. Er ist mir empfunden wie die Angst vom Loslassen, wie die Furcht, sich selbst etwas einzugestehen, wie etwas nicht mehr vor sich herschieben zu wollen.
Nur ahne ich noch nicht was dies ist. Es scheint mir so kompliziert und im selben Moment so einfach. Es liegt mir auf der Zunge und kann es nicht nennen. Es ist mir, wie wenn die Blase, gefüllt mit jenem, diesem noch nicht fertig gegorenen Gedanken, nur durch eine Spitze aufzustechen wäre, um ihren Inhalt über mich zu ergießen.

Auch bereits die Erleichterung, welche ich denke, mit dieser Berstung, in mir zu spüren, fühle ich darin.
Schon darüber zu schreiben, was noch hat zu reifen, was ich gerade empfinde, bringt in mir dieses Verlangen es einfach zu tun. Hineinzustechen, um nur zu erfahren, mich zu erinnern was es denn ist. Eventuell nur in der Hoffnung, der daraus dringende Schwall möge die lodernden Flammen meiner Gedanken erlöschen.

Es ist, so empfinde ich, die Sehnsucht nach Ruhe. Nein, die Gedanken waren wieder zu schnell, es ist wahrlich nicht die Ruhe. Vielmehr ist es Ehrlichkeit nach welcher ich mich sehne.
Ja, jene Aufrichtigkeit ist es, welche ich mir erwarte,

geschehe sie durch diesen kleinen Pik in meine eigene
Gedankenblase.

So wage ich, und sei es nur ein weiterer Gedanke, es
einfach zu tun. Sei es wie ein Traum, welchen ich träume,
oder ein Spiel, welches ich spiele.
Die Spitze in meiner Hand, wo kommt sie her? Hatte ich
sie schon immer? Nun sehe ich sie so deutlich! Alles liegt
in meiner Hand!

Ich führe sie an meiner eigenen Blase Rand und fühle zu
gleich, kurz bevor sie platzt durch meine eigene Hand,
sie könnte doch auch trüben meinen eigenen Verstand.
So steche ich rein, und noch vor dem, was ich eigentlich
erwarte, empfind ich die Änderung meiner Zukunft und
Gegenwart.

All meine Liebe
Berni

Die eigenen Antworten

Meine eigenen Fragen, mit welchen ich mich selbst beschäftige.
Jene, welche einfach so in meinem Kopf erscheinen, jene, nach welchen ich nie fragte und sie doch erscheinen.
Sind dies Fragen? Denn schon wieder frage ich mich dies, und denke darüber nach, ob es nicht Erkenntnisse sein können.

Warum? Ich lache darüber, über die Antwort in meinem Kopf. Denn sie kam genauso spontan wie die Frage selbst. Woher kam sie? Wie kam sie zustande? Es ist mir mittlerweile immer ein Genuss, über mich selbst lachen zu können. Dieses Gefühl der Zufriedenheit wenn es meinen Körper durchströmt wie aus dem Nichts lässt mich vergessen die Welt um mich, lässt mich sehen das Licht um mich, welches ich mir davor nicht vorstellen konnte.

Warum, frage ich mich in solchen Momenten, warum musste ich mich vorher fragen, wenn die Antwort doch schon in mir lag. Denn wie sonst konnte ich sie mir selbst geben, sie erkennen und gar als erklärend akzeptieren?
Warum konnte ich es mir davor nicht vorstellen und mir dennoch eine Antwort geben? Was geschieht in diesen Momenten? Was geht vor in mir? Wie kommt diese Erinnerung, welche mir gibt die Kraft der Vorstellung als erweitere sich mein Horizont?

So nehme ich es hin, lass sie strömen, nehme sie auf, diese Zufriedenheit, welche nimmt ihren Lauf und immer geht aus von meinem Bauch.

Nehme sie als gegeben und lerne damit zu leben.

Fühle mich so wohl, weil ich diese Momente erkenne als meinen Ruhepol.

Ich bin es, und werde es immer sein, der sich erinnern kann jetzt und auch irgendwann.

Alles ist bereits gegeben in eines jeden Leben.

Keine Zweifel habe ich mehr, dafür glaube ich bereits zu sehr, an die Macht der Vorstellung und ihre Kraft.

All meine Liebe
Berni

Der Moment empfunden

Denn sie wissen nicht was sie tun,
ich jedoch in der Erwartung des Geleits, glaubend ich sei
bereit.
Gewiss zu haben ihr Vertrauen,
zugleich erfahrend das Misstrauen.
Mich fragend warum dies geschieht,
denkend selbst alles einbezieht,
entsinn ich mich dessen ich glaub.
Alles verfliegt in Staub.
Denn es sind nur meine Gedanken,
welche bringen mich ins Wanken.
Denn ich weiß oft auch nicht was ich tu.
Gedanke des Abends

All meine Liebe
Berni

Der Fluss des Seins

Es sind so manche Momente, welche mich denken lassen etwas erkannt zu haben.
Wasser,
wie es fällt in Tropfen aus den Wolken, nicht wissend es zu sein, nicht ahnend irgendeinen Grund, so auch nicht was geschieht oder geschehen wird.
Aufschlagend auf dieser Erde, auf Stein, einem Blatt, egal wo, berstend in viele Teile folgt es dem, was zu scheinen hat ohne es zu suchen. Lediglich hinnehmend!
Möge es gleich wieder verdunsten und zur Wolke werden, oder hinnehmend versickern im Erdreich, um dort zu stillen dem es gedacht, zu löschen der Pflanzen Durst.
Zu sein! Immer wieder einfach zu sein! Denn es ist immer, wenn auch nicht am selben Ort.
Es ist der Fluss des Seins, welcher zu jedem spricht. Doch nicht jeder kann hören und er dadurch ewig sucht.

All meine Liebe
Berni

Die Macht der Worte

Wieder eine schlaflose Nacht hinter mir.
So viele Gedanken. Die Augen so schwer, der Geist keine Ruhe.
Und alles sind nur Worte, jeder einzelne Gedanke sind Worte welche ich empfinde. Worte welche ich kenne, ich deute.
Ich frage mich:, kann ich sie lieben? So wie ich Dinge, wie Bäume, Steine, Materielles, eben Dinge lieben kann. Kann ich Worte lieben wie Mensch und Tier?
Worte kann ich nicht greifen. Auch die Gedanken nicht.
Doch beides kann ich deuten, und verstehen brauch sie nur ich!
Ich kann sie hinterfragen, die ich nicht verstehe, so auch jeden Menschen mit dem ich gehe.
So soll ich sie wählen weise, die Worte welche ich verwende,
sodass ich damit keinen blende.
Ja, ich kann sie lieben, denn ich bin von ihnen getrieben.
Würde ich das nicht so sehen, könnte ich mich selbst nicht verstehen.

All meine Liebe
Berni

Der Schnitt

Wie wenn ich erkenne die fehlende Führung.
Wie wenn es wäre ich könnte mich bewegen.
Wie wenn es schien ich hinge nicht mehr an Fäden, welche
mich führen.
Als hätte ich sie durchgeschnitten mit meinen eigenen
Gedanken.
Als ob ich würd mir selbst das erste Mal begegnen.
Als wenn das lediglich ist seit ich mich selbst hinterfrag.

All meine Liebe
Berni

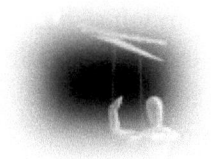

Helle Momente

Jetzt ist immer und überall.
So auch das Licht und die hellen Momente.

All meine Liebe
Berni

Der Spiegel

Bereits fühlend, jeder ist der eigene Spiegel, erahne ich, in welchem Spiegelkabinett, in welchem Irrweg der eigenen Vorstellungen ich aufwuchs, mir meine Meinung bildete und in dem ich mich immer noch befinde.

Wer kann mir den Ausgang weisen, wenn alle nur mein eigener Spiegel sind? Wem soll ich vertrauen, wenn doch jeder ich bin?

Ich entscheide mich für jenen der mir das erste Lächeln schenkt.

Dabei erkenne ich wieder mich und hab Vertrauen.

All meine Liebe
Berni

Selbsterkenntnis

Wenn ich nun, jetzt die Möglichkeit hätte, meine Freiheit zu erkennen und sei es „lediglich" die Freiheit, mich in den Zug meiner Träume zu setzen. Ich brauche nur einen zu wählen, stehend am Bahnhof voll von Zügen.
Welchen wähle ich nun aus? Welcher bringt mich ans Ziel meiner Träume?
Warum bin ich mir in diesem Moment dieser Möglichkeit so unsicher? Zweifle ich an meinem Traum? Bin ich dann überhaupt fähig zu träumen?
Oder bin ich einfach nicht fähig einzusteigen in meinen Zug?
Doch schon diese Erkenntnis, es kann auch an mir liegen zeigt mir auf, dessen ich selbst fähig bin: dem Erkennen, mich selbst zu erkennen.

All meine Liebe
Berni

Weg nach innen

Von Hermann Hesse:

Wer den Weg nach innen fand,
wer in glühendem Sichversenken
je der Weisheit Kern geahnt,
daß sein Sinn sich Gott und Welt
nur als Bild und Gleichnis wählt,
Ihm wird jedes Tun und Denken
Zwiegespräch mit seiner eignen Seele,
welche Gott und Welt enthält.

All meine Liebe
Berni

Der Duft des Sommers

Heute roch ich den Sommer!
In der Zeit, ich mir nahm, um zu gehen nach Haus,
vernahm ich den Donner, welcher ging hinfort, und nahm
sein Aus.
Die Sonne gerade noch in meinem Rücken,
den Duft der Wiese und Felder spürend in mir,
empfinde ich dieses Entzücken,
So, wie wenn das Leben ist gut zu mir.

All meine Liebe
Berni

Nähe

Nicht ich bin Gott näher gekommen.
Ich habe das, für welche so viele dieses Wort verwenden,
mir nähergebracht.
Denn der Ort, an dem man dieses Wort versteht ist jeder
selbst.

All meine Liebe
Berni

Ein guter Tag

Obwohl einen Kollegen zu Grabe getragen, ein guter Tag.
Einer, welcher mir zu Herzen ging.
Zum Ausklang sitze ich bei Dämmerung noch im Garten,
welcher nur noch empfängt ein einzel Licht.
Es scheint von meinem Bade, und darin sich ein Schatten
bricht.
Es ist der meiner Holden,
und ich bemerke meiner Gedanken Gewicht.
Es sind ihre Brüste,
was für ein Gedicht!
Ein schöner Tag!

All meine Liebe
Berni

An mein Weib

Erahnend, nein, es bereits spürend, dieses Hochgehen der Gemüter jener Versteher, jener sich selbst Erkennenden, jener Meinenden meiner Wörter, gerichtet an dich, zu verstehen, überkommt mich dieses, mein eigen Schmunzeln.

Es enthält für mich empfindend ein Wohlgefühl, welches mich im Selbigen bestätigt, meines Bewusstseins so vieles zu empfinden, es zu zulassen mein eigenes Empfinden.

Ja, ich erkläre mich. Eventuell nur mir selbst, zugleich dir, meinem Weib, dir meinem Leben,

jedem der es verstehen will! Mir selbst?

Nein, ich erkläre mich nur dir, dir meinem Weib!

Kannst du, du dir das vorstellen?

Kannst du dir vorstellen, dass ich das mache, dass dies mein Wunsch und mein Vorhaben ist? Kannst du dir das vorstellen?

Ich kann es mir vorstellen, dass du das kannst!

Das bin ich!

Meine Vorstellung bist du!

So verstehe ich mich, all meine ich!

Sogleich verstehe ich alle, alle, welche nun schmunzeln.

Doch nur von dir mein Schatz kann ich mir, will ich mir erhoffen die Vorstellung, welche DU von mir hast.

Kannst du dir nun, nach nur 33 Jahren, meine HOFFNUNG; MEINE LIEBE vorstellen?

Ich kann es!

All meine Liebe
Berni

Zufriedenheit

Es ist Sonntag. Der Tag des Herrn.
Wenn wir dies auf irgendeinen Gott beziehen, fühle ich mich diesem im Moment so nahe wie selten zuvor.
Wenn es so etwas wie einen Gott gibt, dann empfinde ich mich eben wie ein solcher. Oder zumindest spüre ich, dass ich ein Teil dieses Allmächtigen bin. JETZT!
Die Sonne scheint und tut damit was sie soll. Sie wärmt.
Ich liege splitternackt im Garten und genieße diese Wärme der Sonne. Dies mache ich absolut bewusst!
Es gäbe für mich viel anderes zu tun. Doch ich lasse alles sein, um auch zu sein.

Die Wiese meines Gartens, ich der ich mich auf meiner Liege dieser Wärme hingebe, könnte für andere einen Schnitt benötigen. Nicht für mich. Ich gebe mich ihr gerade so hin wie sie ist. Einige ihrer Halme, Gräser, Blumen kitzeln meine Zehen und Beine, welche ich von der Liege baumeln lasse. Mit den Zehen spielend, pflücke ich den einen oder anderen Halm.

Paffend eine Zigarre steht neben mir im Gras ein kühles Bier.
Der Versuch mich in ein Buch zu vertiefen misslingt mir bereits nach nur zwei Sätzen. Denn schon diese wenigen Worte lassen mich dies alles erst so richtig erkennen. Dies, wie gut es mir gerade geht!

Ich lege das Buch zur Seite und beginne alles zu realisieren.
Ich spüre, ich fühle, ich empfinde, ich rieche und ich höre.
Ich lebe!

Ich höre die Töne der Autobahn neben welcher ich wohne. Jetzt gerade sind diese Geräusche für mich wie die Brandung des Meeres. Etwas von meinen frisch geernteten Kräutern habe ich in der Sonne ausgelegt, zur Trocknung. Deren Duft erinnert mich nun an einen mediterranen Pinienwald.

Zu meinen Füssen liegt mein alter Hund und rekelt sich im Sonnenschein. Mein bester Freund empfinde ich eben so gerne. Auch die Katze schmiegt sich an meine Beine. Alles blüht, so auch ich!

Was will ich mehr? Oh, ein Gedanke kommt auf.
Doch ich bin im Moment so zufrieden. Diese Freiheit ich eben fühle lässt mich gar hinterfragen, ob ich diesen Gedanken aufnehmen soll, ob ich mich ihm widmen soll. Meine liebe Frau kümmert sich um die Blumen. Aus meinen Augenwinkeln beobachte ich sie dabei. Hingebungsvoll, mit Liebe lässt sie mich empfinden. Es ist ihr Vorgehen, kniend in der Wiese, ungeschminkt, in legerer Kleidung, mit zerzauster Frisur sehe ich sie gerade als die in Erfüllung gegangene Hoffnung.
Ach, wie ich sie liebe!

So verspüre ich meine Zufriedenheit, als auch die Liebe. Also was will ich mehr?
Nichts! Ist meine kurze als auch bündige Antwort darauf. Gleichzeitig spüre ich jedoch dieses große ABER in mir! Und damit ist der nächste Gedanke geboren.
Dieser Gedanke ist mehr ein Wunsch. Oder eine Frage? Denn ich frage mich, ob es nicht möglich wäre, dass all die Menschen, all die knapp 8 Milliarden Menschen auf dieser Erde, fähig sein könnten, so zu empfinden wie ich?

Dann, wenn es auf dieser Welt nicht immer um Macht und Geld gehen würde. Wenn nicht einige ihr Vermögen anhäufen würden, um damit Macht über andere zu haben. Wenn jeder jedem die Möglichkeit ließe, seine eigene Zufriedenheit zu erlangen.

Ich wünschte mir, es würden alle Menschen dieser Welt die Liebe erkennen. Das ist der Schlüssel für das zufriedene, friedvolle Zusammenleben!

All meine Liebe
Berni

Mein (T)Raum

Je mehr ich vordringe in den Wald,
umso weniger es um mich hallt.
All die Geräusche meines Alltags verstummen.
Ich höre nur noch der Bienen Summen,
das Zwitschern der Vögel und der Blätter Rauschen im Wind.
Bis über die Hüften die Gräser mir reichen,
so wie sie nun eben sind.
Meine Arme lasse ich durch sie streifen.
Dabei fühle ich so Vieles von mir weichen.
Wie ich meinen Weg gehe, so oft mir meine Zeit nehme,
empfinde ich es klopft.
Es ist eine Tür in mir, ich empfinde, an deren anderen Seite, ich meine es wäre wer.
All dies lässt mich vergessen jegliche Gegenwehr.
Ich gehe bewusst in meinen Traum, betrete meinen eigenen Raum.
Er ist der mein, wo ich ICH kann sein.
Ich gebe mich ihm hin!
Ihm ordne ich mich unter, ebenso wie ich bin.
Nein, es ist kein Traum, denn ich bin munter.
Hier bin ich, in meiner Welt. Von ihr werde ich beseelt.
Weg von all dem Getöse,
lauschend nur der Natur, fühle ich mich nicht mehr poröse,
und empfinde nur.

All meine Liebe
Berni

Wieder ein Moment

Der Moment,
Wenn man realisiert,
wie die Zeit verging,
und man gleichzeitig erkennt,
welches Unvorstellbare man noch hat.
Der Moment!

All meine Liebe
Berni

Wenig

Jetzt,
ist der Moment, man erkennt,
wie wenig reicht um zufrieden zu sein,
als auch, wie wenig reicht um überfordert zu sein.
So ist doch wenig oft zu viel des Guten.

All meine Liebe
Berni

Der Zwiespalt

Einst entschied ich mich für die Selbstständigkeit.
Im Glauben in ihr zu finden die Zufriedenheit.
Es gelang mir auch eine geraume Zeit.
Nur frage ich mich eben,
wie ich wieder gehe durch Wälder und Wiesen, und sie
spür mehr als zuvor,
wie soll ich jetzt weiter damit leben,
wenn ich erkenne die Zufriedenheit hinter einem anderen
Tor?
Bisher sah ich sie in Autos und Motoren.
Wenn ich nun öffne dieses Tor,
könnte es passieren, sie ist verloren,
wo ich sie sah zuvor.
Zu groß empfinde ich noch die Liebe,
zu dem was ich mache, und von dem ich lebe.
Das Tor, wenn ich es würde offen drücken,
es durchschreite, was würde dies in meinem Leben
verrücken?
Ich lache!
Es ist nicht ein einzel Tor ich sehe!
Es sind deren mehr!
Darum ich mich oft so wenig verstehe.
Suche ich die Zufriedenheit zu sehr?
Der Zwiespalt in mir.

All meine Liebe
Berni

Wollen

Aus Hermann Hesse's Siddhartha. Eines meiner Lieblingsbücher!

Ich glaube, um glücklich zu sein, muss man Vertrauen haben zu sich selbst, man muss lieben können und - was vielfach vergessen wird - man muss dies wollen.

All meine Liebe
Berni

Glaube an das Gute

So lebe ich mein Leben,
nur um mich ihm hinzugeben?
Nur um zu sein?
Warum kommt mir dies vor wie ein Schein?
Wie Lug und Trug!
Wenn ich es wage und meine Träume zu Tage trage,
werde ich gesehen von all den Blinden,
hängend an ihren Fäden welche sie binden,
als wäre ich von einem anderen Stern.
Oh wie wäre ich dort, oh wie gern.
Dort hätte ich genügend Weil,
und müsst nicht hoffen auf irgendein Heil,
versprochen, wenn ich brav handle,
und mich so wandle, wie andere es wollen.
Der Teufel soll sie holen,
der, den sie selber erschufen,
der mit den Hufen,
der bringt all unser Leiden,
an welchem andere sich weiden.
Ich glaube nicht an ihn!
Ich sehe keinen Sinn darin!
ich glaube an all das Gute,
an all das, was ich mir selbst zumute!
Es ist, das all soll so sein, so wie es ist,
um dir zu zeigen wer du bist.
Um des Willens dessen zu erkennen,
was man nicht mehr darf nennen,
wenn man wird dadurch diskriminiert!
Dann fühle ich mich nicht mehr wohl!
Obwohl ich alle verstehe,

in ihrem Begehren dies alles zu verehren,
um damit lediglich zu erkennen ihr ureigenes Begehren,
so zu sein.
Nur ich, ICH will nicht mehr so sein!
Ich glaube an das Gute. Nur nach an das, was ich mir
selbst zumute.
Ich hinterfrage alles, kann das wirklich sein?
Soll es so sein?
Ich sage nein!
Dies kann nicht der Sinn meines Lebens sein!

All meine Liebe
Berni

Erwartung

Jenes welches man sich selbst erhofft,

indem, oder durch das man selbst erhofft darstellen zu können,

in der eigenen Meinung es darstellen zu müssen, um den Erwartungen anderer, und damit seiner eigenen (?) zu entsprechen.

Wann, verdammt wann haben wir uns dafür entschieden?

Wann war dieser Moment an welchem wir uns all dem hingaben

Wann war er, der fatale Moment?

Ich kann ihn euch, ihn diesen Zeitpunkt nicht nennen, auch wenn er war. War, so wie auch jener Moment, in dem ich mir die Frage um die anderen stelle.

So auch jener in welchem ich eben bin.

In jedem treffe ICH eine Entscheidung.

Jetzt ist wieder ein Moment!

All meine Liebe
Berni

Der Rhythmus

Der Rhythmus des Lebens, welchem wir ausgesetzt sind.
All den Informationen, welche einschlagen wie Geschosse.
Man das Bedürfnis hat sich zu schützen, in Deckung zu
gehen, um von ihnen nicht getroffen zu werden.
Warum empfinde ich diese Geschosse nicht wie Amors
Pfeile?
Warum empfinde ich all diese Geschosse nicht als Treffer
der Liebe?
Warum habe ich das Verlangen, ihnen auszuweichen?
Warum habe ich Angst, getroffen zu werden von täglichen
Informationen abgefeuert von gleichgeschalteten Medien?
Warum spüre ich darin Fanatismus und Radikalität?
Warum sehe ich uns alle getroffen und ins Gras beißen?
Immer spüre ich „an Other one Bites the Dust" (ja, war
DER Auslöser für diesen Gedanken), wieder ist einer von
uns gegangen. Wieder ist einer dem Trug erlegen.
Ich gebe mich so gerne dem hin, dass ich dieser „other
one" bin.
Nur biss ich nicht ins Gras und ich aß auch nicht den
Staub. Vielmehr hab ich im Mund den Geschmack der
verbotenen Frucht.
Jener, man uns nicht erlaubte, daran zu naschen!
Warum gab man uns dieses Gefühl? Warum?
Wenn sie doch schmeckt so gut!
Warum, wenn ich sie bereits aß, sie immer noch schmecke,
durch ihr spür die Liebe als auch den Trug und dennoch
verzeih der Welt ihren Lug?
Warum ist sie dann so tabu?
Soll ich denn nicht fühlen den Rhythmus der Liebe?
Soll ich nicht sehen, wie die Liebe sich verbreiten kann?

Wie der Rhythmus wird zu einer Frequenz welche alle durchströmt!
Die Liebe, ich höre, sehe, spüre ihren Rhythmus, wie wenn ich aß von der verbotenen Frucht.
Oder von ihr trank?

All meine Liebe
Berni

Das Unerwartete

Das, was man im Moment nicht erwartet und einem so
guttut!
Wenn man erkennt,
ein Wohlgefühl,
die Zufriedenheit,
In einem Moment ohne an dies gedacht zu haben.
Wenn man dies einfach empfindet.
Was denkt man dann?
Ich, eben, an das Unerwartete.
An das, was einfach eintraf.
An das Leben!
An das, was es mir eben gibt, ohne ich etwas will, jedoch
meine Zufriedenheit.
Was wäre ich ohne jene, welche um mich sind in diesem
Moment, in welchem ich erkenne, ohne sie wäre ich
verloren und ohne Sinn.

All meine Liebe
Berni

Was ist Menschlichkeit?

Beantworten kann ich dies nur für mich selbst.
Mut, sich allem zu stellen.
Mut, nicht alles hinzunehmen.
Mut, alles zu hinterfragen.
Mut, nicht einfach mit der Masse zu gehen.
Mut, Verantwortung zu übernehmen.
Dieser Mut führt zur Ehrlichkeit und bildet Charakter.
Dieser Mut führt zur Menschlichkeit!
Führt jedoch auch dazu, auf jene ohne Mut unheimlich zu wirken.
Dazu braucht man auch Mut.

All meine Liebe
Berni

Die Zeit als Waffe

In jener Welt ich lebe,
wo mir ausgeht die Zeit zum Schlafen,
nur um alles zu schaffen.
Dort wo mir fehlt die Zeit zu lieben und zu leben.
Wer hat sie erschaffen?
Wer nutzt genau sie wie Waffen?
Den sollt ihr erkennen in euch selbst.
Dann vergesst ihr die Zeit!

All meine Liebe
Berni

Grenzen

Heute bin ich an meine Grenzen gegangen.
Morgen werde ich sie überschreiten.
Nur um zu sehen, dass sie keine sind?
Wie kann ich sie dann empfinden?
Wer hat sie mir gesetzt?
Warum ließ ich das zu?
Morgen werde ich es empfinden.

Ein Gedanke am Weg in der Meseta

All meine Liebe
Berni

Schon wieder ein Moment

Mein Blick bleibt hängen bei der Eidechse, welche, mir kommt es so vor, in ruckartigen Bewegungen, über der Terrasse Steinboden läuft.
Auch sie bleibt hängen und steht mit gestreckte Hals und gehobenen Bein.
Wie wenn wir sind verbunden eben in diesem Moment.
Und schon ist sie wieder verschwunden.
Mein Blick sucht den nächsten Moment.
Ein Gedanke aus dem Urlaub.

All meine Liebe
Berni

Zurück vom Camino

Die Sonne scheint auch hier und spendet ihre Wärme mir.
Auch all meine Freunde empfangen mich warm.
So bin ich auch hier nicht arm.
Hier zurück in dieser Welt
obwohl es mir in der anderen so gefällt.
Jene welche ich verließ,
wieder von ihr ließ.
Doch meine Gedanken sind immer noch dort.
Sie setzen sich fort.
Sie lassen mich hoffen,
mein Herz bleibt offen,
ich sie bald wieder sehe
und sie wieder begehe.
Der Camino!
Es fällt mir schwer!

All meine Liebe
Berni

Entscheidung

Soll ich Ihnen nachgehen, meinen Wehen,
wenn ich mich sehne nach dem Meer so sehr?
Wo soll ich gehen hin, wo ich gerne bin?
Soll ich es tun? Soll ich es einfach tun?
Soll ich meinen Weg tun?
Es fällt mir immer noch schwer.

All meine Liebe
Berni

Urlaub

Die Ruhe liegt in dem was ich tue.
Wenn ich sehe mich um
und erblicke den Trubel um mich herum
ist in mir dieser Gedanke,
ich sollte auch was tun.
Doch danke,
ich liege lieber herum.
Ich bin noch nicht bereit,
ich fühle mich noch so befreit.
Die Hektik lass ich noch bleiben,
lieber lass ich mich noch etwas treiben
in diesem Fluss des Nichtstuns.
Schönen Urlaub an alle!

Und all meine Liebe
Berni

Der Schlaf

Der Schlaf, der ersehnte.
Er lässt unseren Körper ruhen,
bringt unseren Geist in eine Welt,
in welcher wir uns erinnern als auch unsere Zukunft
erbauen in dem wir sie träumen und daran glauben.
Erst das Erwachen bringt uns wieder unsere eigenen
Zweifel.
Oft denke ich mir, eigentlich schlafe ich obwohl erwacht.
Nur um zu glauben ohne Zweifel, um zu erschaffen mein
eigenes Leben fortan einfach im Schlaf.
Damit wünsche ich euch allen einen angenehmen Schlaf

All meine Liebe
Berni

An meine Liebste

Eine Hommage an meine Liebste, an Marion.
Wärst da nicht du,
die mein Leben so bereichert,
durch die ich das Leben erkenne,
es spüre, rieche, sehe, höre und empfinde.
Es hätte keinen Wert für mich, wärst da nicht du!
Ich sehe dich und es entweicht mir ein Lächeln.
Ich höre dich und fühle Zufriedenheit.
Ich rieche dich und fühle mich zu Hause.
Ich spüre dich und bin in einer besseren Welt.
Es scheint mir du bist eine Blume, die immer blüht.
Welche verbreitet ihr Aroma, dass man sie vermisst
auch nur kurz entzweit.

Ich liebe dich.

Berni

Der Himmel der Nacht

Betrachtend den Himmel der Nacht, das Leuchten der unzähligen Sterne denke ich, ach wie gerne sehe ich genau dieses Leuchten in so manchem Menschen, den ich empfinde auf meinem Weg, der ist mein Leben.
Gute Nacht

Und all meine Liebe
Berni

Mathematik

Ja, ich gestehe, ich war eventuell in meiner Kindheit ein Nerd. Denn ich habe mich schon immer interessiert für Mathematik.

Nicht normal? Das kann sein. Denn so habe ich mich noch nie gefühlt.

Mein Interesse fanden die Gleichungen. Viele haben sie gehasst, nicht ich.

Sie zogen mich in ihren Bann. Denn sie enthielten immer eine Ungleiche, welche es zu benennen galt. Sie zu entdecken, sie zu erkunden, sie aus Gegebenem zu sehen.

Für mich eine Schatzsuche. Ich finde den Schatz, denn ich habe durch die Aufgabe eine Schatzkarte.

Und so sehe ich das Leben.

Als eine Gleichung.

Als eine Schatzkarte!

Deren Schatz ich suche, mir als Aufgabe, als Gleichung gesetzt habe.

Und ich gleiche ab. Bitte verwechselt dies nicht mit „Vergleichen"!

All dem was ich erlebe lege ich eine Bedeutung zu. Keinen Wert, lediglich eine Bedeutung!

Lediglich darum um für mich selbst eine Lösung oder auch nur eine Bedeutung für das Leben, für mich selbst zu erkennen.

Eine Lösung, ein Ergebnis welches ich bereits erwähne und mir so sicher bin, es jenes ist, um welches es geht.

Ja, da sind immer noch Zweifel! Doch ich arbeite dagegen. Nicht dem Ergebnis, nein, den Zweifeln.

Ich lache und fühle mich wohl, wenn ich wieder einen Zweifel verloren habe.

Nur ein Zweifel weniger und ich fühle mich mehr bestätigt, in dem was ich glaube, immer mehr an mein Ergebnis der Gleichung des Lebens, welches nur der eigene Glaube ist, ohne Zweifel.

All meine Liebe
Berni

Am Weg in den Urlaub

Hit the Road Jack.
Wieder auf meinem Weg.
Alleine durch die Nacht, viele Stunden.
Nicht hinterfragend warum,
denn schon zuvor habe ich diesen Weg selbst erschaffen.
Die Zukunft erwartend, denn es wird nach meinem Glauben geschehen. Ich habe keine Zweifel.
Der Sonne entgegen, das Meer schon riechend.
Nur in Begleitung des Mondes und der Sterne.
Meine Liebsten in meinen Gedanken genieße ich die Musik. Lasse mich von ihr berauschen und hoffe, sie denken auch an mich.

All meine Liebe
Berni

An den Tod

Keine Angst habe ich mehr vor dir, der du mich einst so einnahmst, nur weil ich keinen anderen hatte. Keinen, dem ich mich öffnete. Nur darum warst du in meinen Gedanken. Und das ist auch schon alles was du bist, lediglich ein Gedanke. Nicht einmal meinen Körper wirst du bekommen, denn der wird zu Asche. Und ich, ich bin ewig. Denn jetzt erinnere ich mich, dass ich schon oft war und immer sein werde.

Ich lache, ich lache über mich, da ich solange brauchte um mich zu öffnen und dich lediglich als Gedanken zu erkennen.

Alles begann mit einem Lächeln. Mit meinem eigenen Lächeln. Denn so bekam ich ein Lächeln zurück. Jeden Tag wurden es mehr. Die Lächeln drangen ein in mein Herz und ich ließ es zu.

So bekam ich ein Herz aus Gold, dessen Wert nun schon so viele erkennen. Meine Liebe gebe ich nun jedem mit Freude. Jetzt weine ich. Und gleichzeitig lache ich. Denn es sind Tränen der Freude, welche ich zuvor nicht kannte, da du mein Gedanke warst und ich die Liebe nicht sah. Weil du Tod, der du bist nur ein Gedanke, mich einst so einnahmst.

Ich lache!

All meine Liebe
Berni

Was mache ich heute?

Das lasse ich eben durch meinen Kopf gehen, während mir das Frühstück serviert wird.

Der Grillen zirpen in meinen Ohren, den warmen Wind auf meiner Haut bemerke ich eine weitere Frage in mir, welche wäre „wann habe ich mich das zuletzt gefragt?", das „was mache ich heute".

Und während ich meinen Kaffee schlürfe und meine Zigarre genieße, kommt dieses Gefühl in mir hoch, als wäre es egal, als wäre ich im Urlaub.

It's so wonderful!

All meine Liebe
Berni

Das Flüstern des Meeres

So erquickend das Meer,
ich liebe es so sehr.
Wie löschend meiner Seele Durst.
Wie um ihr zu sagen,
spürst du es, lass dich gehen,
und du wirst sehen,
was du musst täglich hinnehmen,
wird dich auf Dauer lähmen.
Lass dich treiben,
denn das ist dein Ureigen.
Nicht verkümmern sollst du an einem Ort,
der nicht gut für dich sorgt.
Besuche mich, wann immer dir danach ist,
Oder einfach, wenn du mich vermisst.
Ein Gedanke aus dem Urlaub.

All meine Liebe
Berni

Pause für die Seele

Der Seele gönne ich eine Pause,
an die Hast denke ich nicht.
Denn hier bin ich gerade zu Hause,
und genieße nur der Sonne Licht.
Ein Gedanke aus dem Urlaub

All meine Liebe
Berni

Lebe im Jetzt

Wie sollte man leben, wenn man keinen Sinn darin sieht?
Wie sollte man leben, wenn man nur in der Vergangenheit
schwelgt?
Wie sollte man leben, ohne in die Zukunft zu sehen?
So gebe ich meinem Leben in jedem Moment einen Sinn,
indem ich erkenne den Moment, welcher weder in meiner
Vergangenheit war, noch in meiner Zukunft sein wird.
Gedanken aus dem Urlaub

All meine Liebe
Berni

Mein Leben ist mein Buch

Ich stelle mir vor: mein Leben ist ein Buch und ich der
Autor, der es schreibt.
Wie soll nun das Ende werden und die Handlung, welche
dazu führt.
Ich kann es gestalten, denn es ist mein Buch.
Ein Gedanke aus dem Urlaub

All meine Liebe
Berni

Servus Leben

Servus - aus dem Lateinischen: Sklave und Knecht
Und es bedeutet: „ich bin dein Diener"!
Für mich ist es Letzteres. Ich sehe es so, ich verstehe es so.
Ich will es so sehen, ich habe mich so dafür entschieden.
Ich fühle mich mit meiner Entscheidung wohl!
Denn ich diene dem Leben, trage mit all meinen Gedanken,
all meinem Handeln, all meinem Tun dazu bei, dass es
funktioniert, das Leben.
Ich gebe Freude und Liebe, denn ich glaube daran ohne
Zweifel.
Mein Servus an euch alle.
It's just so wonderful!
Ein Gedanke aus dem Urlaub

All meine Liebe
Berni

Zwiesprache mit der Seele

Wenn meine Seele zu mir spricht und ich sie auch vernehm.
Wenn sie sagt, gehe mit dir selbst nicht so hart ins Gericht,
lass dich einfach treiben in diesem Fluss, in dem du dich
fühlst so genehm, nicht nur dann, wenn du gehst zu Fuß.
Nimm hin diesen sanften Sog,
In dem zu steuern ist alles viel leichter und du bist viel
heiter.
Es bringt dich weiter auch wenn du denkst, du gehst nur
zu Fuß.
Leg an an Ufern, welche du zuvor nicht sahst,
auch wenn du dort schon warst.
Ohne die Eile des Entsprechens,
ohne der Hast Verbrechens wird sich dein eigener Blick
und deine Vorstellung erweitern.
Dies wird dich so erheitern.
Mit dem Lächeln auf deinen Lippen
wirst du erkennen all deine Sitten,
welche dich bisher ritten, dich lenkten und lediglich mit
Missverständnis und Unmut beschenkten.
Hör auf mich, denn ich bin Du.
Wenn meine Seele zu mir spricht.
Ein Gedanke aus dem Urlaub

All meine Liebe
Berni

Am Strand

Die pubertierende Tochter, welche ihrer gut ausgestatteten Mutter liebevoll im Takt der Musik auf den Bauch trommelt. So, dass es mir vorkommt, dieser mit dem Schwabbeln eine Frequenz der Liebe in den aufkommenden Wind weitergibt, und dieser sie in der Welt verbreitet.
Ein Augenblick, ein Moment!

Ein Gedanke aus dem Urlaub.

All meine Liebe
Berni

Das Leben erwarten

Jetzt fühle ich mich immer des Weges auch wenn oft alleine, weil nicht mehr haltend irgendjemandes Tempo und dadurch erkennend meins. Nicht mehr denkend etwas zu versäumen, weil ergebend so viel mehr ich davor nicht sah. Nicht mehr laufend dem Leben hinterher da wissend, es kommt mit dem Erkennen der Liebe viel mehr daher.

Ein Gedanke aus dem Urlaub.

All meine Liebe
Berni

Brief an meine Mutter

An dich meine Mutter,
die, die du mir so oft von Situationen aus deinem Leben
erzählst. Von der kürzeren Vergangenheit als auch von der
Gegenwart.
Von Situationen, Gegebenheiten, welche du empfandst,
nur du. Meist ausgelöst von ein und derselben Person. Wir
wissen von wem.

An dich richte ich diese Worte. An dich alleine.
Weil mir gerade danach ist.
Weil das Leben gerade so viel mit mir spricht.
Weil ich dem Leben gerade so gut zuhören kann.
Weil ich gerade so gern an meine Lieben denken kann.

Zu wenig der Liebe glaubst du, zu viele Zweifel hast du
daran. Sonst würdest du lächeln den ganzen Tag nicht nur
wenn du bist alleine.
Nur ändern willst du auch nichts daran, denn sonst wärst
du alleine.
So finde doch einen Kompromiss, kitte damit diesen Riss,
welcher ist deine eigene Pein, dann bist du nicht mehr
allein.
Nimm alles wie es ist. Sieh in allem, dass es ist wie es ist.
Denn du selbst hast alles erschaffen wie es ist.

Und geändert hast du nichts. Denn du erzählst mir immer
noch von denselben Situationen. So nimm es an und sieh
alles wie es wirklich ist. Doch sieh darin die Liebe und
lächle. Glaube daran. Behandle jeden wie auch du von ihm
behandelt werden möchtest. Und glaube daran!

Nur du mit deinem eigenen Glauben ohne Zweifel daran
bist fähig, deine Situation zu verändern! Glaube daran!

All meine Liebe
Dein Sohn
Berni

Liebeslied

Zu später Stund, den Takt etwas im Mund, versuche ich den Moment im Blues.
I never had the Blues, Babybefore I met you.
Warum sollte ich jemanden belügen, den ich liebe wie dich?
Warum sollte ich jemanden belügen, der mich gar gehen ließe so wie du?
Warum sollte ich jemanden belügen, dessen Liebe ich so spüre wie die von dir
Oh let me tell you, I have the Blues right now, because I love you
Oh let me tell you, I'm crazy about you
Oh yeah, oh yeah

I love you
Berni

Marion, ich sagte, du bekommst einen Lovesong von mir!

Gute Dinge

All die Guten Dinge vergessen wir so schnell und erinnern uns an die schlechten so leicht.
Und keiner fragt sich warum!
So gerne schwelgen wir in dem, was uns geschah, halten es hoch und schreien beinahe Hurra.
Hurra, ich habe es überlebt. Und schenken all dem unsere Energie erneut. Hurra!
Verzeihen wir uns doch selbst und erleben wir dann endlich die gedachte Ruh.

All meine Liebe
Berni

Ängste verschwinden

Unsere Ängste vor dem Morgen, die wir uns selbst machen sind wie eine Hämorrhoide, welche wir spüren, welche uns durchgehend beschäftigt, welcher wir unsere Aufmerksamkeit widmen obwohl wir doch wissen, dass sie wieder verschwindet, genauso wie unsere Ängste. Denn schon morgen kann alles anders sein, wenn wir selbst anders denken.

Wenn wir uns wieder bewusst werden, wir unser eigenes Leben selbst erschaffen.

All meine Liebe

Berni

Wissen ist Glaube. Oder umgekehrt?

Ein Moment unter Freunden.

Das Gespräch kommt zum Thema Zufriedenheit und Anerkennung des Lebens, so wie man es selbst versteht und auch lebt.

Zwischen uns Anwesenden gibt es unterschiedliche Ansichten.

Meine ist der Glaube. Nicht an eine Religion, schon gar nicht an eine Organisation wie Kirche. Nein, ich meine nur meinen persönlichen Glauben.

Ein Freund, mir gegenüber, vertritt seine eigene Meinung. Er vertritt die Lebenserfahrung, welche ihn prägte. Und bereits im nächsten Satz äußert er „das glaube ich"!

Somit fühle ich mich so bestätigt in meinem Glauben, dass an etwas zu glauben, all das Wissen man meint zu haben, nur ein Glaube ist.

All meine Liebe
Berni

Hingabe an die eigenen Ängste

Wieder ein netter Abend unter Freunden. Die Gespräche entwickeln sich. Bis hin zu den Ängsten, die jeder haben kann. Fortan zu, was eine Angst sein kann. Es entstand ein sehr interessantes Gespräch, welches lenkte meine Gedanken zu einem Erlebnis, welches ich erst unlängst erfuhr.

Erst vor drei Tagen. Und eigentlich wollte ich mich nicht mehr damit beschäftigen. Doch nun ist es wieder in meinem Kopf. So schreibe ich eben diesen Gedanken nieder, um ihn eben nicht mehr in meinem Kopf zu lassen.

Ich war, wie schon so oft, unterwegs zu Fuß mit meinem Hund in Richtung meines Zieles.

Dabei habe ich ca. 200m durch die Siedlung zu gehen. Nein, dazu bei diesem so gut wie keinem Verkehr, leine ich meine alte, zwölfjährige, gutmütige Dame, nicht an.

Kein Verkehr, keine Menschenseele auf der Straße, alle Häuser eingezäunt, ich mit meinem Hund alleine auf der Straße. Kommt doch eben ein Paar, also Mann und Frau etwa meines Alters oder noch etwas jünger als ich selbst um die nächste Kurve. Das Dilemma beginnt.

Sie schreiend: „ich habe Angst, ich fürchte mich"! Ich, ebenfalls schreiend nach meinem Hund. Sie, in dem Fall mein Hund, nicht reagierend, da, schon erwähnt etwas alt, und dadurch auch nicht mehr bestens hörend, läuft an dem Paar vollkommen desinteressiert im Abstand von ca. 2 Metern vorbei. Sorry, wollte vorbeilaufen! Wenn nicht er, der Er des Paares, zwei Schritte auf den vollkommen desinteressierten Hund hinzugelaufen wäre und ihm, dem Hund, einen Tritt versetzt hätte während ich noch meine Entschuldigung ausspreche. Zugleich vernehme ich schon die schallenden Worte, wie dumm ich denn nicht sei, meinen Hund nicht anzuleinen. Ob ich denn nicht wüsste, dass dies ein Gesetz sei und er mich nun anzeige, mich denunziere.

Ich schon mit geballten Fäusten bereit ihm dasselbe zu tun, wie er meinem Hund, entsinn ich mich meines Glaubens an die Liebe, erinnere mich an ihn. Dann wird mir klar, er es nicht besser könne, da beide befangen von der Angst.

Wie könnten sie anders reagieren, wenn ihre Gedanken sind voll Angst für die sie sich selbst haben entschieden, in ihr die Wahrheit erkannt.

Sie nicht wissen, es ist nur die Angst, welche ist ihr eigenes Zugeständnis an sich. Wie könnten sie wissen sich selbst, der eigenen Ängste zu hinterfragen, wenn die Ängste ihrer Wahrheiten sind.

Nehmt euch selbst eure Ängste. Denn es sind nur eure eigenen! Ja es ist möglich! Glaubt daran, ohne Zweifel!

All meine Liebe
Berni

Die Ehrlichkeit der Liebe

Und wenn mir eben einfach danach ist euch anzubieten, all meine Liebe anzunehmen?
Könnt ihr selbst euch dann vorstellen dies zu tun? Oder seht ihr selbst dies als eine Verrücktheit?
Was ich euch damit lediglich zeigen will, ist eure eigene Sichtweise. Denn ich meine es ehrlich, wenn ich schreibe „nehmt an all meine Liebe und habt einen schönen Tag"!

All meine Liebe
Berni

Die Ausbreitung der Liebe

Wie man sich ändern kann. Ich sehe es gerade jetzt an mir selbst. Wieder umgeben von Menschen, Freunden, von Güte. Letzteres mit zweierlei Bedeutung. Güte im Wert und zugleich, weil sie alle Güte geben, da sie gütig sind.
Es ist so schön, die Liebe zu erkennen, welche sie geben. Welche wir hier im Jetzt gemeinsam verbreiten. Zu spüren die Blase, die Sphäre, welche sich dadurch über uns bildet, uns einnimmt während wir alle immer weiter dazu beitragen.
Was für ein erneut schöner Moment!
It's so wonderful!

All meine Liebe
Berni

Eine unbeantwortete Frage

Einer meiner Gedanken und sei es einer meiner hirnrissigen.
Doch ich sitze noch auf meiner Terrasse und suche danach,
bin in der Erwartung, mir ist danach.
Ich möchte meinen Tag nochmals durch mich selbst gehen
lassen. Oder ich versuche mich einfach an den Tag zu
erinnern?
Zugleich erkenn ich meine eigene Frage, kann ich das
noch, kann ich mich noch erinnern? Bin ich selbst dazu
fähig, mich uneingenommen zu erinnern?
Oder beeinflusse ich selbst auch das Geringste durch
meine eigenen Erwartungen, als auch empfundenen
Erfahrungen, um meines eigenen Willens, um lediglich
meine selbsterwünschte Bestätigung zu erfahren?
Verdammt, eine Frage an mich selbst. Keiner ist fähig sich
diese selbst zu beantworten.
Ich, der sich selbst bewusst ist, dass er es kann, sich selbst
zu hinterfragen, frage mich, nicht euch, all denen ich selbst
entsprechen will, oder glaube noch immer irgendwem von
euch entsprechen zu müssen, habe ich noch immer kein
Vertrauen in mich selbst?
Wenn ich das noch nicht habe, wem vertraue ich dann?
Woran glaube ich dann?
So suche ich den Glauben in der Liebe und finde Vertrauen
darin.
Das ist nun mein Leben, ich glaube daran!

All meine Liebe
Berni

Die Zukunft empfinden

Der Moment und zwar jeder, in welchem ich mich erinnere, dass ich jetzt gerade bin. Mich erinnere, dass ich zu diesem Moment beigetragen habe. Denn wie sonst könnte ich ihn sonst, eben jetzt, empfinden, lässt mich so schön, ja wieder einmal, die Zukunft erkennen.

Wie sonst könnte ich empfinden, zu dem Jetzt beigetragen zu haben? Meine Vorstellung geht gar so weit, ich mir vorstellen kann, zu jedem Moment, den ich noch erleben werde, etwas beitragen zu können, dass ich gleich empfinde wie eben.

Meine Zukunft, die ich empfind, nur an meinen Gedanken liegt. Nur an mir selbst.

All meine Liebe
Berni

Beobachtung am Weg

Die Köpfe neigen wir in Demut und sei vor unserer Natur. So sei es doch bitte nicht jene Natur, welche uns aufgedrängt wurde sondern eben nur die Natur.

Die Sonne schwindet, so auch wir. Wir, die gehen und uns betten, uns, die wir empfinden, dass wir etwas Ruh benötigen, um wieder zu entsprechen dem wir uns täglich hingeben, nur um uns wieder zu betten um zu finden die Ruh.

Nur um wieder zu entsprechen, dem wir uns hingeben, um zu entsprechen, dem um uns lediglich zu betten um zu empfinden unsere Ruh.

Ach, wie sehn ich mich zu betten für immer, um nicht mehr entsprechen zu müssen, dem mir gelehrt wurde so sein, zu haben ohne ich gefragt wurde. Denn es wurde mir einfach so gelehrt. Nur ich war noch nicht fähig es zu hinterfragen, was mir gelehrt wurde um dem zu entsprechen, wozu ich nun täglich fähig bin, jedoch auch hinterfrag.

All meine Liebe
Berni

Was ich nicht ahnen konnte

Ich wollte nie in meinem Leben etwas haben, dessen Verlust ich nicht verschmerzen könnte.

Doch wie konnte ich ahnen, dass ich es erhalten werde? Wie konnte ich ahnen, dass ich je so empfinden kann? Wie hätte ich ahnen können, dieses Gefühl so genießen zu können.

Wie hätte ich jemals ahnen können, was die Liebe ist, was sie mit mir macht, wozu sie imstande ist. Sie, die Liebe ist kein Spiel, welches es zu gewinnen gilt. Es gilt sie zu erkennen, lediglich zu erkennen. Dann kann man alles ahnen.

All meine Liebe
Berni

Ein Gefallen

Meine Freunde,

Ich hatte heute bereits zwei sehr gute Gespräche. Mit Freunden, welche ich sehr schätze. Ja, ich werte mit diesem Ausdruck. Denn beide sind es MIR wert. Denn nichts hat einen Wert, wenn man ihm selbst keinen gibt.

Auch Gold hätte keinen, wenn er ihm nicht gegeben würde, dadurch, dass es alle wollen, weil es einen Wert hat, ohne dabei zu erkennen, dass es eben diesen hat, weil es alle wollen.

Also ja, beiden dieser Freunde gebe ich einen Wert, denn ich bin froh, dass ich sie so bezeichnen darf.

Der Gedanke, dass ich mir etwas von der Seele schreiben will kam mir bereits im ersten Gespräch. Und sogleich festigte er sich oder wurde bestätigt im zweiten.

So komme ich auf den Punkt. Auf den springenden Punkt. Vor ein paar Jahren verstarb mein Großvater. Waren es 5, 6 oder 7 Jahre, dies spielt keine Rolle!

Ein paar Tage vor seinem Ableben besuchte ich ihn noch an seinem Sterbebett. Des Sprechens war er nicht mehr mächtig. Jedoch hatten wir eine Kommunikation. Wir waren, sagen wir für das Verständnis, auf einer Frequenz, über welche wir uns verstanden. Ja, schmunzelt, lacht, haltet mich für verrückt, es ist mir egal!

Es liegt doch alles nur im eigenen Verständnis.

Und nur genau dieses kann eben auch Unverständnis bewirken und dafür sorgen, dass man selbst jemand anderen eben nicht versteht.

In der erwähnten Kommunikation wurde mir von meinem Opa noch vieles erzählt. Vor allem empfand ich es als eine Bitte. Zugleich jedoch auch als eine Entschuldigung für sein Verhalten. Er „erzählte" mir vieles. So auch von seinen Kindern, Schwiegerkindern und deren Verhalten, so wie er es empfand. Er „erzählte" mir allerlei Details, als auch über sein eigenes Verhalten, welches er nun im letzten Moment erst selbst erkannte.

Doch er bat mich um einen Gefallen. Ich solle es allen erzählen.

Ich solle allen erzählen, dass auch sie alle, mit ihrem eigenen Verhalten dazu beigetragen haben. Ich solle ihnen seine Entschuldigung bringen und die Bewusstheit ihres eigenen Beitrages. Erst jetzt erkennt er selbst die Ursache in dem, was er weitergegeben hat, im Sinne, es so gut wie möglich zu machen und er es nicht besser konnte. Im Angesicht des Momentes erkenne er seinen Beitrag im Verhalten aller und wünsche sich, auch sie würden es erkennen in sich selbst.

Diese Last trage ich nun seit Jahren in mir. Mit vielen Details, welche ich jedem erzählen sollte.

Was ich nicht kann!

Nicht will!

Jedoch schreibe ich es mir gerade von der Seele, gebe es an euch alle Verwandten meines Opas weiter in der Hoffnung, dass es euch zugetragen werde. Denn ich schreibe mir diese Last von der Seele. Da auch ich ein Humer bin und mir mit dem Sprechen über Probleme so schwertat.

Nun habe ich es geschrieben. Es ist nun nicht mehr meine Last.

Opa verzeih mir, auch ich bin, so wie du nicht perfekt. Ich will diese Last nicht mehr tragen. Dies ist mein Weg, mich

von ihr zu befreien.
Denn ich lasse mir nichts mehr auferlegen.
Ich bin frei!

All meine Liebe
Berni

Blendung

Ich, der, der sich immer sieht wie auf der Suche, empfinde, es macht mich blind.
Ich bemerke nun schon mehrmals, als wäre ich geblendet.
Geblendet durch das, was ich suche.
Denn durch meine Suche fokussiere ich mich so und bin oft nicht mehr fähig anderes zu sehen. Doch habe ich zumindest bereits die Erkenntnis gefunden, dass mich die eigene Suche auch blenden kann.
Ich bin dankbar dafür, dass ich etwas gefunden habe. Es erweitert meine Vorstellung, als auch meinen Horizont.
Danke.

All meine Liebe
Berni

Die Welt dreht sich weiter

Wenn die Zeit geht, wenn sie schreitet voran wie immer, ich sie nicht aufhalten kann.

Wenn die Zeit dies macht, mich erinnert daran, ich sie nicht aufhalten kann. Dann wird mir wieder bewusst, dass sich die Welt bewegt und ich mich mit ihr.

Doch ist es mir immer diesen Versuch wert mich selbst zu erinnern, es ist kein Wettbewerb, den es gilt zu gewinnen. Denn ich weiß es ist immer JETZT!

Mit diesem Wissen, und sei es nur MEIN Glaube, geht die Zeit an mir vorüber und lässt mich erkennen, dass ich in meinem Geiste unendlich bin und immer sein werde.

Wer soll mich daran hindern, wenn nicht ihr, die ihr selbst habt eure Zweifel an euch selbst. Ihr, die ihr glaubt zu enden irgendwann.

Und wenn ich euch dies erzähl jetzt oder irgendwann, ihr mich belächelt dann und wann, bewirkt es doch in mir nur ein Schmunzeln dann, denn ich habe keine Zweifel daran. Nicht mehr, denn ich glaube daran!

All meine Liebe
Berni

Die Wirklichkeit

Die eigene Wirklichkeit oder Wahrheit, der sich jeder selbst hingibt, sich unterwirft, sich ihr fügt, indem er ihr einen Wert gibt. Einen so immensen Wert, dass sie den Verstand, die Vorstellung beschränkt. Beschränkt in dem Sinn, dass man sich selbst etwas anderes als die eigene Wahrheit nicht mehr vorstellen, es nicht mehr verstehen kann. Geschweige denn dazu fähig ist, seine eigene Wahrheit zu hinterfragen.

Man erschafft sich damit eine Realität. Eben seine eigene Wirklichkeit. Ohne dabei zu erkennen, dass diese relativ ist.

Doch wie kommt das zustande?

Ich kann mir vorstellen, dass dies meist dadurch entsteht, weil man sich eben nur sehr begrenzt etwas vorstellen kann.

Viele Menschen leben mit dieser Begrenzung ein sehr zufriedenes Leben, weil ihnen diese Vorstellung ausreicht. Vor allem, weil sie damit so sind wie viele andere, und sie somit „normal" sind! Sie schwimmen mit der Masse, sie stechen nicht hervor, sie werden „akzeptiert", sie haben „recht", denn sie denken doch wie alle, weil sie sich nicht einmal vorstellen können, dass nicht alle so denken.

Diese Menschen sind von der gegebenen Wahrheit, von dieser produzierten Realität so überzeugt, dass sich dies darin zeigt, dass sie diese mit allen Mitteln verteidigen, lediglich um sie nicht hinterfragen zu müssen!

Was ich daran bewundere ist ihr Glaube daran. Denn sie glauben ohne Zweifel an ihre relative Realität.

Wer meine bisherigen Texte bereits las, der weiß, dass ich glauben ohne Zweifel für sehr wichtig halte. Doch wie könnte ich glauben ohne Vorstellungskraft, ohne fähig zu sein, etwas Vorgegebenes zu hinterfragen? Wie könnte ich leben, ohne mir mehr vorstellen zu können, als mir durch das „offizielle" System geboten wurde und wird?

Ich würde mich fühlen wie eingesperrt, wie begrenzt in der Möglichkeit meiner Vorstellung. Ich müsste mich fügen, mich unterwerfen. Ich dürfte nicht mehr Fühlen, nicht mehr Spüren.

So müsste ich doch denken, ich wäre verrückt. Und ja meine Freunde, ich bin verrückt! Denn mit der Weite meiner Vorstellung über das Leben bin ich von jener, welche viele anderen haben, etwas verrückt. Ich habe sie verrückt indem ich möglichst viel hinterfrage. Bis hin zu meiner eigenen Meinung hinterfrage ich gerne möglichst viel. Ich stelle mir so oft die Frage, „kann ich mir das vorstellen?".

Mittlerweile bemerke ich, dass ich mir nun schon viel mehr vorstellen kann. Ich habe meine Vorstellung erweitert. Ich überschritt Grenzen und erkannte dabei, dass sie nur in meiner Vorstellung waren. Zugleich erweiterte sich der Horizont in meiner Realität, in meiner Welt, als beträte ich eine andere! Es wurde mir bewusst, ich begrenzte mich zuvor lediglich selbst! Doch davor konnte ich es mir nicht vorstellen! Genauso, wie es sich viele nicht vorstellen können, dass es viel mehr auf dieser Welt gibt als diese Wirklichkeit, welche sie als die Wahrheit anerkennen, indem sie sich in ihrer Vorstellung begrenzen.

All meine Liebe
Berni

Frequenz und Schwingung

Jeder von uns ausgesandt Gedanke ist eine Schwingung, eine Frequenz, welche nie aufhört, welche nie endet. Sie schwingt durch die Dimensionen nur um uns das wieder zu bringen, was wir selbst ausgesandt haben.
Mit diesem Bewusstsein hat sich meine Denkweise geändert!

All meine Liebe
Berni

Ein Traum

Möglichst lange auf der Welt zu sein ohne dabei alt zu werden und mich ewig erinnern, dass ist nun mein Traum. Zugleich spreche ich ihn laut aus und glaube daran ohne Zweifel.
Dabei sehe ich wieder meine Zukunft.
Könnt ihr euch das vorstellen?
Ich schon!

All meine Liebe
Berni

In erneuter Erwartung

Als würde mir die Sonne fehlen,
wie wenn ich die Liebe nicht sehe.
Es lastet mir etwas an,
ich spüre es,
ich suche es.
Und wieder einmal weiß ich nicht was.
Doch ich weiß, es ist in mir.
Und wieder beginne ich bei mir.
Wieder empfinde ich diese Spirale.
Trost finde ich darin, weil ich es schon so oft tat.
Zigmal erklomm ich bereits die Höhe aus dem dunklen Tal
nur um zu erhaschen der Sonne Strahlen.
Erneut frage ich mich warum ich alles wieder erfahr.
Erneut bin ich in Erwartung was ich diesmal lerne. Und
erwarte dabei wie die Sonne wieder scheint. Denn das ist
gewiss.

All meine Liebe
Berni

Glauben dürfen

Du sollst an das glauben dürfen, das du dir selbst vorstellen kannst. Und stell dir nun selbst vor, dass auch du dir das vorstellen kannst. So akzeptiere jeden wie auch du akzeptiert werden willst. Nicht nur von der Gemeinschaft, welcher du dich hingibst, nein, von jedem!
Wenn doch nur die Gesamtheit der Menschheit so empfinden könnte!

All meine Liebe
Berni

Eine tiefe Symphonie

Als hinge etwas in der Luft,
als drücke etwas auf das Leben.
Wie wenn es wäre eine Frequenz,
welche lässt die Köpfe hängen.
Eine tiefe Symphonie der wir täglich lauschen, uns lassen
beschallen bei trübem Licht.
Die Vorhänge geschlossen, den Mut gesenkt
gibt sich beinahe die Gesamtheit dem hin, nicht wissend
warum und von wem gelenkt.
Der Himmel mit dunklen Wolken behangen,
empfinde ich in mir jedoch wieder solch ein Verlangen
nach der Sonne Licht.
Denn diesem Trübsal gebe ich mich nicht länger hin, nein,
nicht mehr ich!
Ich schieb den Vorhang zur Seite und wag erneut einen
Blick. Sehe dabei die Weite
und am Horizont ein Licht.
Es sind der Sonne Strahlen, welche ich erkenne als andere
Musik. Sie hat eine höhere Schwingung,
welche ich empfind wie eine Darbringung,
wie wenn die Liebe kehrt zurück!

All meine Liebe
Berni

Ein Urteil

Mein erster Gedanke war nun eben, wo bin ich und soll ich es nun aufnehmen, soll ich mich damit befassen?
Und ja, ich tat es um ihm einen Abschluss zu geben. Denn ja, es war den halben Tag in meinem Kopf
Ja, auch ich bin online, wie sonst wäre ich nun hier.
Und so bekam ich auch das Urteil mit. Jenes „gegen" den „vermeintlich" Intellektuellen und ebenfalls „vermeintlich" hochgeschätzten Schauspieler vormals angestellt beim Burgtheater, gefällt wurde, der sich selbst bezeichnet als pädophil.
Und ja, jetzt komme ich auf den Punkt. Denn wenn es nicht in meinem Kopf wäre, würde ich nicht darüber schreiben. Es sprengt meinen Kopf! Es muss raus! Darum schreibe ich es nieder, um mich ewig daran erinnern zu können, es nachlesen zu können. Dessen ich mich einst beschäftigte ohne es zu müssen, denn ich hatte es schon im Kopf und schrieb es nieder, weil ich es nicht versteh.
Die Urteile gegen Ärzte, welche erstellten ein Attest zur Befreiung der Maske und jenes heute, im selben Jetzt.
Mein Unverständnis!

Dennoch all meine Liebe
Berni

Vor dem Schlafengehen

Nachts in den Wogen meiner eigenen Gedanken ersehnend den Schlaf, nicht ahnend ihn zu erlangen, da mein Kopf etwas wirr.

Dennoch versuch ich ihn zu erhalten, da ich weiß, ich brauch doch nur abzuschalten und mich ihm hingeben, nach dem ich so sehn.

Und sei er noch so gespickt mit Träumen und sind sie nur der mein.

Der Schlaf.

Damit all meine Liebe
Berni

Erinnern

Erneut auf der Suche nach mir selbst?
Vertieft im Weg, zugleich mir bewusst, warum schon
wieder und immer wieder. So einfach wie auf der Suche.
Und es ist wieder! Schon wieder? Warum sehe ich mich
schon wieder selbst? Warum?
Und warum sehe ich mich immer selbst, warum?
Als sollte ich davon etwas lernen, wenn ich mich sehe
immer selbst und erneut und immer wieder.
Als sollte ich mich erinnern.

All meine Liebe
Berni

Wenn der Kopf nicht ruhen will

Wenn ich dadurch nicht find den ersehnten Schlaf.
Dann, genau dann geht das Spiel erneut los. Dann kommt
das Spiel der Fragen, denn ich frage mich warum?
Warum schon wieder diese unzähligen Gedanken, warum?
Nicht fähig zur Meditation, der Kopf eine einzige Rotation
werfe ich aus meiner Angel Schnur um mir nur einen
Gedanken daraus zu fischen um mit ihm alle anderen
wegzuwischen.
Nur mit einem find ich sicher meine Ruhe.
Weil ich nun endlich schlafen will.

All meine Liebe
Berni

Zeit mit Freunden

Und jetzt, auf meinem Fußweg nach Hause, den Rucksack mit dem wenigen, was ich heute benötige am Rücken, nehme ich mir Zeit, den heutigen Tag zu reflektieren. Dabei komme ich auf das Ergebnis, welch wunderbarer Nachmittag!

Denn ich ließ mich gehen. Ich ließ all meine Verpflichtungen bei Seite um etwas Zeit mit Freunden zu verbringen. Die Welt, so kommt es mir vor, dreht sich dennoch weiter obwohl ich mich selbst ihr entzog. Oder gerade deshalb? Um mir zu zeigen, wie unwichtig ich selbst bin? Oder mir zu zeigen, wie wichtig ich mir selbst sein soll? Sorry, das entzieht sich meinem Wissen. Jedoch tat es mir verdammt gut.

Was für ein wunderbarer Tag!

All meine Liebe
Berni

Seelensplitter

Diese Hülle, wir nennen Körper, beinhaltet eine Seele.
Doch ist sie ganz?
Wie könnten wir dann schon lange sein und ewig sein?
Wie könnten wir alles und jeder sein?
Und wenn sie ist nur ein Splitter von etwas Ganzen? Nur
einer von unzähligen, welche wurden gesandt auf ihren
Weg um zu erfahren, dass wir schon lange sind, alles und
jeder sind und ewig sein werden?
Was ist, wenn jede Seele ist nur ein Splitter des Ganzen?
Wären dann nicht alle eins? Wären wir dann nicht alle
alles und jeder schon lange und für ewig?

All meine Liebe
Berni

Entspannung am Fluss

Könnte der Sommer besser sich dem Ende neigen?
So voller Freud und Erwartung, dass der Herbst dies gibt
wie der Sommer ende, noch nicht denkend an den Nebel
er bringen wird.
Noch bade ich im Fluss zur Abkühlung. Doch schon bald
zieht die Kälte wieder ins Land. Mit ihr die kurzen Tage
mit wenig Licht.
Vom Fluss, in dem ich jetzt noch bade zieht der Nebel
seine Schwaden über die Felder in wenigen Tagen.
Doch jetzt entzücken mich hier am Fluss noch die Strahlen
der Sonne und sein Wasser kühlt sie auf meiner Haut.
So bleibe ich im Jetzt und lass alles andere einfach wage.

All meine Liebe
Berni

Zulassen

Dieser Dunst, welcher hängt über der Welt.
Als hätten wir ihn selbst erschaffen. Als hätten wir es
zugelassen, dass dieser entstand.
Und damit meine ich mit Gewissheit nicht irgendwelche
Verschmutzung der Luft. Nein, ich meine die
Bevormundung, welche uns aufs Auge gedrückt wird. All
das, was eigentlich die wenigsten wollen. Und dennoch
lassen wir es zu!
Warum?
Warum lassen wir es zu, dass über uns bestimmt wird?
Bestimmt von Personen, Politikern, welche keine
Berechtigung mehr haben über uns, unser Leben zu
bestimmen.
Wir lassen zu, dass wir uns das Leben nicht mehr leisten
können.
Wir lassen zu, dass unsere freie Meinung zensiert wird.
Wir lassen zu, dass unsere schöne Sprache verhunzt wird.
Wir lassen zu, dass unsere Bücher und Filme zensiert
werden.
Wir lassen zu, dass das Internet zensiert wird.
Wir lassen zu, dass unser Integrationswille geprüft wird.
Wir lassen zu, dass wir uns anzupassen haben.
Wir lassen zu, dass beinahe alle Medien gleichgeschaltet
werden.
Wir lassen zu, dass uns die Meinung, welche wir haben
dürfen, vorgegeben wird.
Wir lassen zu, dass die Demokratie verschwindet!

Warum? Warum lassen wir all das zu? Ich frage euch:
warum?

Ist es Faulheit? Ist es Dummheit? Ist es Angst?
Ja, ich hatte Angst! Doch ich habe Vertrauen denn ich habe meinen Glauben!
Ich glaube an die Menschheit, ich vertraue ihr.
Denn nur mit diesem Glauben und dem Vertrauen, dass sich alles zum Guten ändert, wird sich dieser Dunst auflösen und die Liebe wird wieder alles verändern!
Glaubt daran und habt Vertrauen!

All meine Liebe
Berni

Der Wunsch nach Zufriedenheit

Sitzend vor einem Blatt Papier, nicht wissend wer und wo
ich bin, doch wissend ich bin, da ich doch eben denke!
Dennoch und das selbst bemerkend anhand meiner eigenen
Schrift, welche ihr nicht seht, meine Handschrift, welche
ich jetzt schreibe und sie beinahe nicht selbst erkenne,
behaupte ich, glaube ich bemerken zu können.
Ich bemerke etwas. Etwas, wie es sein könnte. Etwas wie,
was wir uns doch alle wünschen.
Etwas, was uns das gibt, was wir uns insgeheim alle
wünschen.
Zufriedenheit!

Das wünsche ich euch allen mit all meiner Liebe
Zufriedenheit

Berni

Sichtweisen

Meine Freunde,
Seht in euch, sieh in dir, so wie ich in mir nie das, was du
siehst eben im Moment.
Denn eben kann lediglich das sein, was du sehen sollst und
es lediglich dadurch sehen willst.
Sieh, was du denkst im Moment.
Es könnte das sein, was du jetzt im Moment sehen, denken
möchtest. Das, nach dem du dich sehnst! Das, was du
begehrst!
Es könnte sein
Anerkennung
Bestätigung
Lob
Stolz
Siehst du dich dabei selbst?
Auch nur im Geringsten?
So bist du nicht du selbst.
Erkenne, du bist geprägt zu dem, der du sein sollst, nicht
für den, der du sein willst.
Bist DU dann Du?

All meine Liebe
Berni

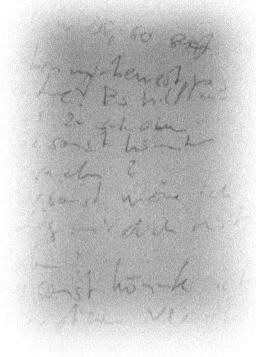

Sagen Sie Ja zu sich

Und wieder einmal möchte ich Hesse zitieren. Denn dieser
Text von Hesse entspricht meinem Leben so sehr.

Sagen Sie Ja zu sich, zu Ihrer Absonderung, Ihren
Gefühlen, Ihrem Schicksal! Es gibt keinen anderen Weg.
Wohin er führt, weiß ich nicht, aber er führt ins Leben, in
die Wirklichkeit, ins Brennende und Notwendige.
Sie können ihn unerträglich finden und sich das Leben
nehmen, das steht jedem offen, der Gedanke daran tut oft
wohl. Aber ihm entgehen, durch Entschluss, durch Verrat
am eigenen Schicksal und Sinn, durch Anschluss an die
„Normalität", das können Sie nicht. Es würde nicht lang
gelingen und größere Verzweiflung bringen als die jetzige
...
Ich denke an manchen Tagen, es sei alles vergebens und
töricht gewesen, was ich angestrebt und woran ich geglaubt
habe. An anderen Tagen empfinde ich mich und mein
Leben, so schwierig es ist, als vollkommen gerechtfertigt,
ja geglückt, und bin damit sehr zufrieden - für Stunden.
Und immer, wenn ich meinen Glauben wieder einmal
auf eine gute Formel gebracht zu haben glaube und
ausgesprochen habe, wird er mir bald zweifelhaft und
töricht, und ich muss nach neuen Bewährungen und neuen
Formen suchen. Bald ist das Qual und Not, bald Seligkeit.
Eine Persönlichkeit, ein einmaliger, eigener Mensch zu
werden, ist nicht Jedem bestimmt, der Weg dahin hat
Gefahren und bringt Schmerzen, er bringt aber auch Glück
und Tröstungen, die die anderen nicht kennen ....
Ängstigen Sie sich nicht zu sehr, fliehen Sie weder ins
Kindliche zurück, noch nach vorwärts in Trotz und

Schnoddrigkeit, es würde Ihnen beides nichts nützen.
Sagen Sie Ja zum Besten und Stärksten in Ihnen! Dann
geht es schon weiter.

/H.Hesse/Eigensinn macht Spaß

All meine Liebe
Berni

Die Sicht auf das eigene Leben

Könnte das Leben besser sein.

Und wenn ich nun behaupte, es ginge nur um die eigene Sichtweise, könnte doch nur jener gegensprechen, welcher es selbst anders sieht.

Folgend sehe ich mich genau darin bestätigt in meiner Sichtweise, dass alles an einem selbst liegt. Es liegt alles an einem Selbst!

All meine Liebe
Berni

Ich liebe euch

Meine Freunde,
glaubt nicht, in keinem Fall, dass ihr mir egal seid! Nein,
ihr seid in meinen Gedanken.
Doch warum seid ihr das?
Ich denke, empfinde eure Wichtigkeit, euren Wert für
mich selbst. Dafür möchte ich euch nun danken. Dafür,
dass ihr alle mich das empfinden lasst. Dafür, dass ihr
mich empfinden lasst, dass ihr alle mir guttut. DANKE!
Und kein „Aber", kein „Dennoch" sondern ein „Weil".
Weil ihr mich akzeptiert so wie ich bin, so wie ich fühle,
mich fühle, wie ich es fühle.
Erst jetzt gerade habe ich wieder mit jemanden, mit
mehreren, von „euch" gesprochen. Auf meinem Weg
nach Hause. Und wieder hat sich meine Welt, meine
Gedankenwelt, denn in keiner anderen leben wir, so
immens bestätigt.
Wieder wurde ich akzeptiert so wie ich bin und empfinde.
Dafür, ja, genau dafür, möchte ich hier und jetzt meinen
Dank aussprechen.
Und genau dafür möchte ich euch allen auch sagen:
nehmt all meine Liebe

Berni

Sein oder nicht sein

Meine Freunde,
und wenn ich nun empfinden würde, etwas zu wissen, wie
würdet ihr dann empfinden? Welche Meinung würdet ihr
dann von mir abrupt haben?
Würdet ihr, ihr selbst, wenn ihr euch nur einen Bruchteil
einer Sekunde bewusst wäret, dass ihr es nicht seid, nicht
im Geringsten bewusst seid, dass ihr es nicht seid. Wenn
ihr das wäret, möchtet ihr das dann sein?
Und somit habe ich wieder eine Frage, welche mich
beschäftigt auf meinem Weg nach Hause.
Wer möchte immer noch sein, das sein, wenn er sich selbst
diese Frage stellt?

All meine Liebe
Berni

Die Deutung von Spuren

Eine Kleinigkeit, welche mir gerade den Schlaf verwehrt. Spuren, jedoch nicht im Sand, die ich heute noch fand, waren es, welche mich bemerken ließen, das Ende meines Weges noch in weiter Ferne zu wissen.

Doch waren es auch genau diese Spuren, welche mir zeigten, dass ich nun ein Stück weiter des Weges bin, in dem sie mir wiesen, ich sie keinem zuordnen soll.

Spuren können so viel erzählen.

Damit, mit einer neuen Erkenntnis für mich, versuche ich nun meinen Schlaf zu finden.

All meine Liebe
Berni

Denken und Danken

Der ich bin, mich doch erkennend, da ich denken kann und auch empfinden, sitze ich, einnehmend das selbst zubereitete Mahl vor diesem wunderbaren Feld, welches ist bewachsen mit so allerlei.

Vieles davon ist mir nicht bekannt, doch weiß ich den Namen der Blume, welche erscheint über diesem Feld so dominant.

Es ist die einfache Sonnenblume über welche ich schon einiges las. „Wo du bist will auch ich sein". Nun bin ich hier und sie strahlt aus gleich daneben ihre Kraft.

So stark empfinde ich dabei die letzte Sonne, das abendliche Licht, Leben so fruchtbar, Gesundheit, als auch die Ruhe wie gedacht.

Sie bringt mir eben Stille, ich nehme mir die Zeit, welche ist für mich wie Freiheit und Öffnung, beinahe wie Ergebenheit.

Als hätte meine Suche eben gefunden ihr End, als wäre ich bereit.

Ach könnte ich doch immer so empfinden denke ich im selben Moment und werde zugleich erinnert, ich bin der Dirigent.

Ich kann doch denken was ich will! Und schon wird es wieder still. Fühle dabei wieder die Ruhe mit dem was ich gerade tue, bin dankbar für diesen Moment und denke lediglich noch, „„danke Leben für diesen Augenblick".

All meine Liebe
Berni

Grenzen im Kopf

Stellt euch bloß vor, die Grenzen all jener Zäune befinden sich lediglich im Kopf, in eurem eigenen Kopf.
Stellt euch vor, ihr hättet sie nicht im Kopf, in eurem Kopf.
Stellt euch vor, ihr könntet machen was ihr wollt, wo immer ihr wollt, das was im Kopf ist, in eurem Kopf.
Stellt euch einfach vor, das was in eurem Kopf ist und warum es dort ist.
Und dann, dann wenn ihr dafür eine Antwort habt, beginnt erneut von vorn.
Denn dann beginnt das Leben. Stellt euch das bloß vor.

All meine Liebe
Berni

Liebe geben, Liebe erfahren

Meine Freunde,

was für ein wunderbares Wochenende durfte ich wieder erleben, gar erfahren. Letzteres beziehe ich wirklich auf Fahren mit dem Auto! Denn auch das ist immer noch ein wichtiger Aspekt in meinem Leben. Ich lebe von und mit Autos der früheren Jahre. Ich repariere britische Old- und Youngtimer Autos, warte sie, serviciere sie, tune sie, handle damit und auch mit Ersatzteilen dafür. Mit all dem bestreite ich mein Leben, versuche damit all meinen finanziellen Verpflichtungen zu entsprechen und auch mein Leben zu finanzieren. Ich mache dies wirklich gerne und mit Liebe. Denn ich kann damit auch Liebe geben. Warum? Stellt euch einfach vor, ihr seid selbst so vernarrt in euer Fahrzeug, ihr empfindet Liebe dazu. Wenn es einen Defekt hat, welchen ihr nicht selbst beheben könnt, jedoch jemand anderer. Welche Liebe empfindet ihr, wenn ihr euer Fahrzeug wieder mit behobenem Defekt zurückerhaltet? Genau diese Liebe kann ich geben und empfinde sie auch. Immer öfter!

Somit, damit gebe ich Liebe. Jene Liebe, welche jeder im Moment braucht um sich selbst im Empfang seiner eigenen Liebe bestätigt zu fühlen. Ja, darum fühle auch ich mich so bestätigt, dass ich etwas kann. Und sei es lediglich jemanden darin zu bestärken, Liebe zu empfinden darin, was er gerne tut und hat.

Ich liebe das, was ich mache und damit geben kann.
Noch immer bin ich mittendrin.
Dieses Wochenende ergab es sich wieder sehr spontan, dass ich selbst die Möglichkeit nutzte und mich ihr hingab.

Ich frönte ihr, der Möglichkeit des Gebrauchs eines meiner Fahrzeuge. Ich erfuhr eine Zufriedenheit. Denn ich durfte in zwei Tagen 900km mit 14 Passstraßen erfahren. Ich durfte dabei wunderschöne Momente erleben. Momente auf so tollen Straßen, Momente mit so tollen Menschen. Ich habe sie wirklich erfahren! Es, dieses Wochenende, tat mir so wirklich gut.

Genau dafür möchte ich allen, welche denken daran etwas beigetragen zu haben, einfach danken.

Denn das Leben ist so wunderbar. Man braucht es doch lediglich erkennen und selbst etwas dazu beitragen.

All meine Liebe
Berni

Wer wäre ich

Wie wäre ich in einer Situation, welche genau das von mir fordert, dass ich ich bin?
Wie wäre ich dann, wenn ich über Leben, ein Leben entscheiden müsste?
Wie wäre ich dann?
Wie wäre ich, wenn ich über Tod und Leben entscheiden müsste? Wie wäre ich, wenn ich töten müsste? Wer oder was wäre ich, wenn ich töten müsste?
Wer wäre ich, wenn mir jemand sagen würde, dass ich töten solle?
Wer wäre ich, wenn ich mir sagen ließe wann ich töten solle?
Wer wäre ich, wenn ich mir sagen ließe wen ich töten solle?
Wer wäre ich, wenn ich mir sagen ließe wann ich welchen Menschen töten solle, weil er anders denkt, anders ist, anders empfindet, weil auch er es sich sagen ließ, dass auch du es bist, der es zuließ!
Verdammt, seht ihr es immer noch nicht, dass ihr es selbst seid, ihr alles zulässt, weil ihr euch nicht selbst fragt?

All meine Liebe
Berni

Manipulation

Wie wundervoll, wenn man selbst entscheiden kann, sich dem Leben hinzugeben. Wenn man selbst das Gefühl hat, eben lediglich mit seiner eigenen Entscheidung, ohne Manipulation dieser, etwas Gutes, etwas Positives beizutragen. Egal, was warum, genau im selben Moment, auf diesem Planeten, unserer Welt passiert. Wenn man doch „lediglich" selbst akzeptiert, dass die eigenen Gedanken, das eigene Empfinden, jetzt gerade, im Moment, im Jetzt, einem genau das gibt. Wenn man fähig ist, auf alles zu scheißen, wenn man sich selbst denkt, ich kann nichts daran ändern als den Moment, das Jetzt zu spüren und die vorgekaute, bereits so oft wiedergekäute, aufgedrängte Meinung, welche genau dies erzeugt, wie man sich zu fühlen hat, fähig wird, zu vergessen. Erst dann wird einem bewusst, dass man mit diesem Gefühl im Moment, im selben Jetzt, alles verändern kann.

Nur mit der eigenen Denkweise, mit welcher man erkennen vermag, dass es doch „nur" um die Zufriedenheit jedes Einzelnen geht.

Kann es dann sein, frage ich mich, dass viele mit dem, was sie haben nicht zufrieden sind, dass sie mehr wollen als sie haben, mehr als wonach ihre Zufriedenheit fragt?

Kann es nicht einfach sein, dass das eigene Wollen und die Nichterkennung der eigenen Zufriedenheit, da man mehr oder zumindest dasselbe wie andere haben selbst haben will, dazu führen, dass man selbst die Zufriedenheit nicht sieht und sich dadurch auf den ewigen Kampf der Erlangung etwas zu haben, was andere haben, einlässt? Und dass wir lediglich glauben, was uns tagtäglich aufgedrängt wird, ohne dass wir es merken.

So frage ich mich doch, kann es sein, dass wirklich irgendwer versuchen kann, uns, die wir doch so oft und gar intensiv der Meinung sind, uns unsere Meinung selbst gebildet zu haben, eine Meinung aufdrängt, uns manipuliert, eben uns dabei „hilft", unsere „eigene" Meinung zu bilden?

Wer wäre ich, wenn ich diese Möglichkeit, diese Sichtweise nicht in Betracht ziehen würde. Wer wäre ich, wo wäre ich, wenn ich denken würde, dass es nicht die Möglichkeit gäbe, dass ich manipuliert werde, dass es jemanden, etwas gibt, welche dies im Sinn haben?

Und wenn ich mich all das selbst frage empfinde ich dadurch, ich bin immer noch fähig mich selbst zu hinterfragen. Aber bin ich dadurch gefeit vor einer Manipulation?

All meine Liebe
Berni

Liebe geht durch den Magen

Meine Freunde,
es ist heute wieder so,
I'm in the mood.
Heute war, ist wieder ein besonderer Tag für mich.
Warum? Ich ging gestern früh zu Bett. Gespeist, wohl
gesättigt durch dem besten Kaiserschmarrn, wohlgemerkt
mit Rosinen, extra für mich zubereitet von Marion, meiner
Liebsten. Oh, wie ich sie liebe.
Auch wenn ich es nicht immer so zeigen kann, versteht sie
mich, akzeptiert mich in jedem Moment, wer, wo, wie ich
auch immer bin, sie ist der Anker in meinem Leben. Und
ja, ich denke, dass auch dieser, mit Rosinen gespickte,
Kaiserschmarrn letzten Abend etwas in mir ausgelöst hat,
mich an die Wunderbarkeit, die Schönheit, an das Leben
erinnert hat, mir wieder einen Zeig gab, dass ich es so
sehen kann. Der Moment ermöglichte es mir wieder, so
unübersehbar, mich erinnern, mich besinnen zu können.

Bereits um viertel nach 10 ging ich zu Bett, hatte einen
ausgezeichneten Schlaf und durfte bereits um 7 Uhr ohne
Wecker erwachen. Bereits Sekunden darauf bemerkte
ich, es wird heute ein wunderbarer Tag. Es bestätigte sich
durch den Tag hindurch, dieses Gefühl ließ nicht nach.
Meine Arbeit lief mir von der Hand als ob ich geboren
wäre dafür. Ich hatte zwei wundervolle Begegnungen,
beide im selben Sinn.
Jetzt, wo ich etwas resümiere, jetzt am Feierabend, denke
ich mir, oh ja, was für ein wunderbarer Tag, den ich heute
erleben durfte und genieße dessen Ausklang immer noch
mit Liebe.

Zu guter Letzt werde ich dieses Gefühl, diesen Tag noch schmecken, in dem ich mit dem Gefühl des Tages, mit Liebe eben noch Essen zubereite.
Damit wünsche ich euch allen, meinen Freunden, ein Wochenende, so wie ihr es euch selbst wünscht.

All meine Liebe
Berni

Abrundung des Tages

Meine Freunde,
nachdem ich, wie ich schon zur Morgenstund empfand, einen wunderbaren Tag erleben durfte, las ich eben noch etwas von Hermann Hesse, den ich so zu schätzen lernte. Diesen Text aus seinem Munde empfinde ich als das Tüpfchen auf dem I. Er rundet meinen Tag so wunderbar und lässt mich denken, ich bin mit meinen Empfindungen nicht allein. Und spiegelt so schön das, wo wir uns gerade befinden.
So darf ich doch bitte zur angesetzten Stunde noch von Hesse zitieren:

„Dass Gott in jedem von uns lebt,
dass jeder Fleck Erde uns Heimat sei,
jeder Mensch uns verwandt und Bruder ist,
dass das Wissen um diese göttliche Einheit
alle Trennung in Rassen, Völker, in Reich und Arm,
in Bekenntnisse und Parteien als Spuk und Täuschung entlarvt -
das ist der Punkt, auf den wir zurückkehren,
wenn furchtbare Not
oder zarte Rührung
unser Ohr geöffnet
und unser Herz wieder
liebefähig gemacht hat."
Hermann Hesse

Damit wünsche ich euch allen eine genehm Ruh!

All meine Liebe
Berni

Durch den Wind

Ich eben wandere, mein Hund mir voraus
auf meinem täglichen Weg nach Haus
nach dem ich war den ganzen Tag
umgeben von Leut mit Meinungen, so viel, ich sie nicht zu
vernehmen mag, wurd ich mir wieder bewusst, dass ich sie
nicht zu verändern mag!
Vielmehr konnt ich doch sehen ihre vermeintliche Pflicht,
zu sein wie sie selbst zu haben und genau darin ihre Sicht.
Könnt ihr euch dann vorstellen, wie ich mich fühl?
Ja, entbunden ihr dieser Pflicht!
Denn ich muss nicht sein, ich bin, und will es sein.
So wie es soll!

All meine Liebe
Berni

Streit

Bin ich noch fähig zu streiten? Sehe ich noch Sinn darin? Dies ist wieder eine meiner Fragen.

Ist Streit nicht nur die Unfähigkeit, einen Konsens in verschiedenen Ansichten zu erlangen?

Ist dessen Schlichtung nicht eben genau das Gegenteil der Fähigkeit, einen Konsens zu finden?

Was aber ist, wenn eine der beteiligten Seiten nicht die Fähigkeit hat, ihren selbsterkannten Grund des Streites aus anderen Perspektiven zu betrachten, andere Sichtweisen zu entwickeln?

Welchen Grund hätte ich dann, mich auf eine Diskussion einzulassen. Diese würde doch in einem Streit enden.

Wenn nun eine der Parteien, und so oft sind es beide, nicht einmal fähig ist zu betrachten, dass die von ihr vertretene Meinung nicht ihre eigene ist, sondern sie sich ihr lediglich hingibt, sie ohne Wenn und Aber anerkennt, wie sollte es dann jemals Frieden geben?

Nein, ich kann nicht mehr streiten!

Liebe ist die einzige Antwort!

All meine Liebe
Berni

Der Einzug der Kälte

Die Kälte, ich spür sie in der Früh.
Ich spür sie, wenn sie weicht dem Sonnenschein.
Ich seh sie in der Früh.
Ich seh sie auf den Blättern, behangen vom Reif.
Ich empfinde sie in der Früh.
Ich empfind sie, wie sie verdrängt die Wärme, in welcher
ich fühle mich so daheim.
Dennoch nehm ich sie hin.

Beobachte die Blätter, in den schönsten Farben sie eben
sind. So froh sie mir doch erscheinen,
wie wenn sie erkannt hätten einen Sinn.
Darin, dass sie werden wieder sein.
Immer wieder, so auch nächstes Jahr.
Immer wieder, für ewig gar.

So spür ich sie, die Kälte, erneut.
Doch erkenne darin auch einen Sinn.
Nämlich jenen, dass auch ich immer wieder bin,
dass wir alle immer wieder sind,
so wie die Blätter, in anderer Form.
So wie die Kälte wieder zur Wärme wird,
sie auch immer wieder kommen wird.
So auch das Licht jedes Jahr neugeboren wird.
Und das schon bald. Sehr bald wird alles wieder dem Licht
weichen.

So wie immer spür ich sie, die Kälte.

Und damit wünsche ich euch allen einen angenehmen
Schlaf.

All meine Liebe
Berni

Gedanken am Weg in den Urlaub

Jetzt, liegend am Rücksitz meines Wagens, während meine Frau ihn lenkt, mich hingebend meinem Rauch gepaart mit etwas Alkohol, am Weg in den Urlaub verglimmt der Alltag, ich werde bereit mich dem Leben ich mich einst so voller Freud entschied, wieder hinzugeben.

Einst, als ich noch ungeboren war, ein anderes Leben erfuhr, und mir irgendwer anbot ein anderes zu führen, eines in welchem ich alles neu empfinden und erkennen kann, dann, wenn ich bereit bin und mich erinnern will. Dann, wenn ich bereit bin, dann, wenn ich genug erfahren hab und mich wieder erinnern vermag, wurd mir versprochen. Dann werd ich es anders sehen, dann, wenn ich Menschliches empfunden habe werde ich dem, nach dem ich mich sehn, näher sein. Dann wenn ich kenn die Gram, den Kummer, das Leid genauso wie all die Freud, die Lust und vor allem die Lieb, dann, wenn ich nicht mehr verspür auch nur die geringste Angst vor dem erneut geboren zu werden, dann werde ich sehen, ich schon immer dort war, nachdem ich mich sehn.

Das empfinde ich eben am Rücksitz meines Wagens, den meine Frau jetzt lenkt. Ich gebe mich diesem Gefühl so gerne hin.

Ein Gedanke auf dem Weg in den Urlaub.

All meine Liebe
Berni

Am Meer

Wenn man am Meer sitz und träumt.
Wenn man am Meer sitz mit seiner Liebsten.
Wenn man dabei träumt und darüber spricht.
Wenn man dabei feststellt, dass man dasselbe träumt.
Wenn dieser Traum nun ist, eines Tages für immer am Meer zu sein.
Kann ein Traum dann zur gemeinsamen Zukunft werden?
Ich glaube nun daran. Ich glaube nun ohne Zweifel daran.
Wir haben unseren Traum nun laut ausgesprochen.
Was sollte nun noch verhindern, dass alles geschieht?
Ein Gedanke aus dem Urlaub

All meine Liebe
Berni

Wir sind alles

Wenn nicht dann, wenn nicht jetzt?
Und schon wieder geben wir uns dem hin, was nicht andere von uns denken könnten!
Und es sei uns verziehen denn ja, das sind wir.
Wir sind nur das, was aus uns gemacht wurde. Nur das, was all jene aus uns gemacht haben im Gewissen, dass sie das Beste, was auch ihnen beigebracht wurde und sie daher meinen, dass es das Beste war, was sie uns gegeben haben und das was sie gemacht haben aus uns. Das sind wir!
Jedoch sind wir es nur so lange, bis wir uns selbst fragen, was sind wir selbst ohne all dem?
Wenn wir uns fragen, was und wer sind wir eigentlich?
Was und wer will ich sein?
Erst dann beginnen wir uns zu erinnern, was wir sein sollen.
Die Liebe, das Leben, Alles.
Wir, die Welt sind das, was wir daraus machen! Denn wir sind die Welt, wir sind alles!

All meine Liebe
Berni

Liebevolle Gedanken

Jetzt in der Nacht, wo jeder schläft nur ich noch nicht.
Wo du liegst im Bett, so neben mir
und ich dabei so fühl in mir,
wie ich dich lieb,
dabei ich mir nie vorstellen könnt,
du gingst von mir.
So lege ich einfach meinen Arm um dich
und wünsche mir die Ewigkeit mit dir.
Und wenn es nicht ist die Ewigkeit
dann soll es nur sein dies Leben mit dir!

Für Marion

All meine Liebe
Berni

Sturm der Liebe

Ich, der ich fühle, empfinde, gar denke und meine zu leben bin doch nur ein Staubkorn im Geschehen, welches wir doch nicht verstehen.

Dummgehalten versuchen wir einen Blick zu erhaschen aus dem Eimer, in welchen wir geschüttet bereits nach unserer Geburt.

Erklärt wurde uns, dies sei die Welt, in welcher wir alle leben.

Unfähig sind wir geworden doch nur den Rand zu sehen, den, welcher unsere Welt begrenzt.

Wäre da nicht eine Brise, welche ab und an den Staub etwas aufwirbelt, und zumindest einige Staubkörner erfasst, sie in Höhen lässt, wir vorher nicht erahnten. Könnten wir uns doch dort halten.

Doch der Flug endet abrupt. Der Körper spürt keine Schmerzen, doch die Seele. Denn sie sah über den Rand. Sie kann nicht länger warten. Sie fühlt mit jeder Brise, mit jedem Flug, da ist mehr, dort fühle ich mich zuhause, dort fühle ich mich wohl.

Ein Staubkorn will ich nicht mehr sein, der nächste Wind ist der mein!

Und so glaubt die Seele an die nächste Brise. Sieht in jedem Lüftchen ihr Kommen, Bestätigung und Hoffnung. Sieht sich bestärkt in ihrem eigenen Glauben und gibt ihn weiter.

So macht die Kunde ihre Runde! Denn immer mehr Seelen finden Hoffnung und Glauben. Damit beginnt der Staub sich zu wirbeln, erzeugt gar eine Brise, welche wird zum Wind.

All die Seelen nun fliegen und sehen, es gibt mehr. Sie

entfachen den Sturm, welcher lässt sich nicht mehr begrenzen.
Auch nicht durch menschenverachtende Gesetze.
Der Sturm ist Freiheit und Liebe!

All meine Liebe
Berni

Prolog

Es ist mir als hätte ich etwas erkannt. Als sähe ich einen Sinn. Wie wenn sich ein Rätsel, vor dem ich eine geraume Zeit saß, im Geiste löst und ich mir dabei denke „warum habe ich es vorher solange nicht kapiert?".

Ich kann mir vorstellen, dass schon viele in einer vergleichbaren Situation waren. Sei es bei einer Prüfung gewesen, bei welcher man vor einer scheinbar unlösbaren Aufgabe saß und einem der „Knopf" aufging, man die Aufgabenstellung erkannte und zugleich die Lösung.
Oder eine Problemstellung im Leben, welcher man fähig wurde sie aus einem anderen Blickwinkel zu betrachten. Eine andere Sichtweise entwickelte und sie dadurch bewältigte, sich danach dachte, „warum hatte ich zuvor ein Problem gesehen?".

Ich hatte viele Gedanken und fand in der Niederschrift dieser eine Therapie. Ja, als nicht mehr und vor allem nicht weniger sehe ich meinen Versuch, mich als Autor zu geben, als Selbsttherapie, welche, so kommt es mir vor, nun Früchte trägt.

Nach 3 Bänden meiner „Hirnrisse" und meinem Buch „Empfindungen am Weg der Liebe", dem Jakobsweg, gewährte ich euch viel Einblick in meine Seele. Ich öffnete mich! Damit legte ich eine meiner Ängste ab. Was andere über mich denken soll mich nicht mehr kümmern, denn ich bin ich.

Ehrlich schrieb ich nieder, was ich im Moment, im Jetzt

empfand, was gerade mein Gedanke war. Egal wie absurd er für andere auch erscheinen mag. Ich fand damit die Ehrlichkeit!

Doch diese, meine Ehrlichkeit zu mir selbst und auch zu meinem Umfeld muss nicht jedem behagen und schon gar nicht gefallen. Auch dies durfte ich erkennen. Ich verlor dadurch Freunde und musste aber auch erkennen, dass sie im Grunde keine waren. Während dieser Zeitspanne kreuzte mein Weg viele andere Wege. Mit einigen davon gehe ich nun gemeinsam weiter. Wir wurden Freunde. Auch das durfte ich durch meine erkannte Ehrlichkeit erfahren.
Es gibt ein Kommen und ein Gehen. Jeder geht seinen Weg. Manchmal gehen wir gemeinsam denselben, doch ist jeder fähig auch wieder abzuzweigen. Alles was ich dann machen kann ist, ihnen meine Liebe mitzugeben auf ihren Weg! Das habe ich nun akzeptiert.

Dies glaube ich auch erkannt zu haben, die Akzeptanz!
Nun kann ich so vieles akzeptieren. Vor allem verschiedene Sichtweisen! Ich hinterfrage nicht mehr, dass es verschiedene gibt. Es ist für mich nun selbstverständlich, dass es diese gibt. Nur habe ich damit auch erkannt, dass ich jede dieser Sichtweisen hinterfragen kann. Auch meine, welche ich in jedem Moment habe. Denn es gibt kein Richtig oder Falsch. Es gibt nur Sichtweisen!

Meine eigenen Sichtweisen bringen mich nun oft zum Lachen, noch öfters zum Lächeln, weil ich sie hinterfrage. Dies wurde bei mir zur Routine. Und dabei habe ich oft gelacht und erkannt, dass dies der Grund ist, warum ich

so oft mit einem Lächeln im Gesicht durchs Leben gehe.
Anfangs war ich etwas perplex, als mir Passanten ein
Lächeln zurückgaben. Doch dann habe ich diesen
Zusammenhang erkannt , dass es an meinem Lächeln
liegen kann.
Damit sehe ich nun, genau in diesem Moment als ich dies
erkannte, den eigentlichen Anfang meiner Veränderung.

Ja, das habe ich auch erkannt, ich habe mich verändert! Ich
aß bereits eine Frucht meiner Selbsttherapie. Ich weiß nun,
dass ich mich wohlfühlen kann. Denn ich muss nichts! Ich
kann! Und ich will! Ich will leben!

Ich glaube daran, erkannt zu haben, dass ich leben soll!
Dadurch liebe ich das Leben!
Bereits dem zweiten Band meiner Serie der „Hirnrisse",
gab ich den Untertitel „Das Erkennen der Liebe".
Ich glaube nämlich nun daran, dass ich diese erkannt
habe, ich das Wort „Liebe" davor lediglich falsch erklärt
bekommen hatte und ich die Liebe dadurch nicht sah.
Zuvor war sie für mich wie ein Verlangen, wie etwas, es
gilt zu erlangen. Doch nun sehe ich sie und versuche sie
auch zu geben. Denn die Liebe liegt in allem. Im Wort,
der Geste und im Tun. Und seid gewiss, vor allem im
Gedanken!
Das habe ich erkannt und glaube nun daran ohne geringsten
Zweifel!

Ich glaube daran, dass alles zusammenhängt, egal wie groß
oder was alles ist. Ich habe erkannt, dass ich mir nun vieles
vorstellen kann, egal wie groß oder was vieles ist. Ich habe
erkannt, dass ich vielem nähergekommen bin. Weil ich mir

vieles vorstellen kann, weil ich mich dadurch nicht mehr selbst begrenze, mich nicht mehr begrenzen lasse.

Ich glaube daran, dass ich meinen Horizont dadurch erweitert habe, weil ich mir vieles vorstellen kann.

Ich kann mir nun vorstellen, dass ich durch meine Öffnung, der Ablegung von Ängsten, meiner Selbsthinterfragung, meinem Lächeln und vor allem der Liebe etwas erkannt habe.

Ich musste nicht leben, ich habe mich dafür entschieden, wann auch immer dies war. Und jetzt ist es als löse sich das Rätsel. Wie wenn ich mir jetzt wieder alles vorstellen kann. Wie wenn ich mich jetzt wieder erinnern kann!

All meine Liebe
Berni

Danke

Mein Dank gilt zuerst euch all meinen Lesern. Wenn ihr diese Zeilen lest, habt ihr durchgehalten.

Ich kann mir vorstellen, dass einige von euch dieses Buch sogar gekauft haben. So kann ich mir auch vorstellen, dass es euch gutgetan hat. Selbst dann, wenn es euch zum Lachen gebracht hat. Denn Lachen tut gut! Und selbstverständlich stelle ich mir auch so gerne vor, dass jemand Worte fand, welche er als gut befand.

Auf alle Fälle meinen aufrichtigen, herzlichen Dank für das Lesen!

Über Feedback würde ich mich freuen!

Meine Gedanken und Empfindungen werden mit diesem Buch nicht einfach weg sein. Dafür danke ich dem Leben! Daher versuche ich sie weiterhin schriftlich festzuhalten.

Jedoch habe ich erkannt, dass ich sie nicht mehr als „Hirnrisse" sehe. Vielmehr sehe ich damit diese Trilogie der „Hirnrisse" als beendet.

All meine Liebe
Berni

Mein Weg

Ich bin am Ende!

Denn ich bin angekommen am Anfang des Weges, welcher sich mir offenbarte.

Nicht ihn hatte ich zu hinterfragen, doch mich! Mich, so wie ich ihn sah, so wie ich die Welt, nein die Sphäre sah in welcher ich mich befand, welche ich als „Die" Welt sah.

Doch er, der Weg, auf welchem ich nun schon solange gehe ohne ihn wirklich betrachtet zu haben, nahm mich nun ein.

Er zeigte mir seine Unendlichkeit, seine Weite, seine mühevollen Abschnitte und seine Pracht. Doch vor allem offenbarte er mir seine Präsenz!

Er zeigte mir, dass ich ihn in jedem Moment beschreite.

Er rief mich und ich folgte seinem Ruf obwohl ich nicht wusste warum. Um seinem Ruf zu folgen nahm ich mir Zeit. Jene Zeit, welche ich davor meinte nicht zu haben. Er gab mir Zeit. Zeit für mich. Zeit, mich zu hinterfragen. Zeit, mich zu erkennen. Zeit, die Liebe zu erkennen. Und Zeit, um mit der Liebe ihn zu erkennen, ihn endlich zu fühlen, an ihn zu glauben, mich in ihm zu finden.

Nun bin ich nicht nur ihm näher, nein, ich bin auch mir näher!

Ich durfte durch ihn so tolle Menschen treffen, durch ihn viel weinen, durch ihn viel lachen, durch ihn viel Freude erfahren und durch ihn die Erkenntnis erlangen, dass man bereits mit „nur" etwas Liebe so viel verändern kann.

Er gab und gibt mir auch weiterhin so viele Bestätigungen

für meine Gefühle und auch Gedanken. Er bestärkt mich zu erkennen und auch anzuerkennen wer, wie, was, warum ich bin! Er lässt mich glauben, auch an mich!

Wenn ich mich nun frage: „wer ist Er?". Dann ist es Er, Sie, Es. Dann sind wir alle Alles und halten mit unserer Liebe Alles am Leben.
Denn das Leben ist Alles!

All meine Liebe
Berni

Danksagungen

Persönlicher Dank

Diesen möchte ich aussprechen an Freunde und Familie, welche mich bei der Umsetzung dieses Buches unterstützt haben.

Marion Humer, meine Liebste, meine Gattin.
Dir gilt mein Dank für all die Zeit der Entbehrung, in welcher ich nicht bei dir war, weil ich meine Gedanken sammelte und niederschrieb. Für all die Nächte welche du alleine verbrachtest während ich schrieb. Für dein Verständnis, dass ich zu Schreiben hatte um meine innere Zufriedenheit zu finden. Für deine Liebe, welche du mir dennoch täglich entgegenbringst. Ich liebe dich!

Olivia Humer, meine Tochter
Dir danke ich für deine Zeit, welche du immer aufwendest, damit meine niedergeschriebenen Gedanken überhaupt zu einem Buch werden. Für all deine Mühen, welche dies geschehen lassen. Für dein Verständnis von mir und deine Akzeptanz, dass du mich nimmst so wie ich bin. Ich werde immer für dich da sein. Ich liebe dich!

Wilhelm Schmid, mein Freund
Dir danke ich für die wahrscheinlich mühevolle Arbeit der Lektur und Korrektur all meiner Rechtschreibfehler und der Anerkennung meiner, manchmal eigenwilligen, Schreibweise.
Für die vielen netten Momente und Gespräche mit dir, und für die Erdung welche du mir so manches Mal dabei gibst. Ich liebe dich!

Bettina Himmelbauer, meine Freundin

Dir danke ich für das so passende Coverbild und den wunderbaren Klappentext, welcher nur entstehen konnte in dem du das Buch vorab gelesen und, so meine ich, auch verstanden hast. Für all deine Hilfe. Für das, dass du immer da bist, wenn ich dich brauche. Ich liebe dich!

Emely Traunmüller, meine Nichte

Dir danke ich für den Titel dieser Trilogie. Denn der kam von dir. Eventuell weißt du nicht wieviel wir gemeinsam haben. Für dich habe ich immer ein offenes Ohr. Ich liebe dich!

Hirnrisse – Eine Collage meiner, für so machen hinrissigen, Gedanken
ISBN 978-3-7543-1431-9

Gedankensammlung 2021

Der Mond tut dies was er empfing
und denkt dabei
"hätte ich nur mehr davon"

HIRN-
RISSE

Gedanken sind frei, sie formen
unsere Welt.

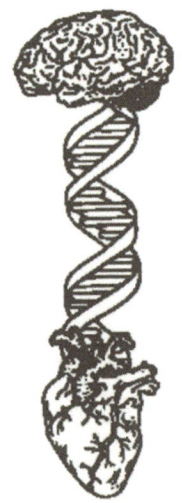

BERNHARD
HUMER

Hirnrisse – Das erkennen der Liebe
ISBN 978-3-7568-1908-9

Band 2

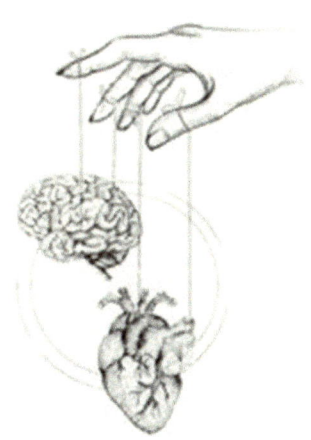

HIRN-RISSE

Das erkennen der Liebe

Du bist am Leben
Weil dein Herz noch Feuer fängt
Weil dein Herz die Liebe kennt

Mit dir gemeinsam das Leben zu
spüren, wird dazu führen, es zu
erkennen.

BERNHARD
HUMER

Empfindungen am Weg der Liebe
ISBN 978-3-7578-2149-4

Über den Autor

Bernhard Humer
Geb. 5. Juli 1971 in Linz
Wohnhaft in 4655 Vorchdorf Oberösterreich
Gelernter Beruf: Nachrichtentechniker bei Post und Telegraphenverwaltung Österreich
Im Jahr 2003 den Beamten-Job mit der Tätigkeit Produkt- u. Projektmanagement im Internetbereich an den Nagel gehängt.
Seitdem selbstständig im Bereich Ersatzteil-Handel und Werkstatt für britische Old u. Youngtimer Automobile unter dem Firmennamen B.M.C. of Austria (www.difference.at)

Seit ca. 5 Jahren, nach dem 3. Burnout etwas in die Lebensfindung und damit in die Philosophie abgedriftet und damit einen weiteren Lebensinhalt neben der Firma und Familie gefunden.
Seit 1990 mit seiner Gattin, Marion Humer, liiert.
Mit dieser eine gemeinsame Tochter, Olivia.
Sehr naturverbunden verbringt er gerne etwas Auszeit in den Bergen als auch in mediterranen Gefilden, um dort seine Gedanken zum Leben zu sammeln.

Bereits veröffentliche Bücher:
Hirnrisse - Eine Collage meiner, für so manchen hirnrissigen, Gedanken
Hirnrisse - Das erkennen der Liebe
Empfindungen am Weg der Liebe